历史的关照

History Tells

王丹誉◎著

中国工人出版社

图书在版编目（CIP）数据

历史的关照 / 王丹誉著. —北京：中国工人出版社，2019.9
ISBN 978-7-5008-7274-0

Ⅰ.①历… Ⅱ.①王… Ⅲ.①廉政建设—文化研究—中国—文集
Ⅳ.①D630.9-53

中国版本图书馆CIP数据核字（2019）第212544号

历史的关照

出 版 人　王娇萍
责任编辑　安　静
责任印制　栾征宇
出版发行　中国工人出版社
地　　址　北京市东城区鼓楼外大街45号　邮编：100120
网　　址　http://www.wp-china.com
电　　话　（010）62005043（总编室）
（010）62005039（出版物流部）
（010）62382916（职工教育分社）
发行热线　（010）62005996　（010）82075964（传真）

经　　销　各地书店
印　　刷　宝蕾元仁浩（天津）印刷有限公司
开　　本　880毫米×1230毫米　1/32
印　　张　9
字　　数　235千字
版　　次　2019年11月第1版　2025年3月第4次印刷
定　　价　42.00元

序

春节过后，接到陕西乡党王丹誉的历史随笔选集《历史的关照》书稿，沉甸甸共68篇，23万多字。因眼睛不好，只能随手翻翻，却不知不觉从头至尾全部看完。心头不觉泛起了春水般的涟漪。

第一次见丹誉，是2015年夏天在中国现代文学馆的一次研讨会上。2018年由我主编《中国当代最具实力作家散文选》（十卷本），正好是丹誉担任责任编辑。我们有了更多的交往，我对他有了更深的了解，也开始关注这个后生。

起初，我偶尔在报纸上看到他写的文章。后来看到好几个报刊上都发表他的历史随笔。2015—2017年，《中国纪检监察报》连续三年给他同时开设了两个专栏“丹青引”和“星河灿烂”。中宣部党建网为他开了“大V专栏”“网络锐评”两个专栏。人民日报、解放军报、光明日报、学习时报、新华文摘、红旗文摘等多家媒体也连续发表和转载他的作品。其中《道光帝的那碗面片儿汤》被“学习小组”公众号等转发；《当代新闻出版业更需要工匠精神》在《中国新闻出版广电报》头版头条发表（2016年5月3日）；特别是今年3月，他的《“不忘初心”源于文化自信》和《西柏坡前话“赶考”》两篇稿件被中宣部“学习强国”学习平台连续转发，受到读者的好评。

此外，我也关注到他在新浪微博和今日头条上都开设账号发布文章。微博“丹誉谭古”原创的文章，单帖阅读量高达42万+，单日阅读量高达38万+，今日头条“丹语录”原创文章单帖推荐56.8万+……网络新媒体的传播优势，使他的历史随笔让更多人受益，在社会上产生了不小的影响力。近年来，他也因此应邀在清华大学、北京大学、人民大学、北京师范大学等多家高校以及部委、央企开办讲座讲授传统文化。

丹誉的历史随笔为何受到读者青睐？

首先，他的文章紧扣时代脉搏，顺应了历史潮流，符合文章为时而作的规律。党的十八大以来，以习近平同志为核心的党中央把弘扬中华民族优秀传统文化、全面从严治党作为重大战略。如何借鉴中国古代廉政文化，加强党风廉政建设是丹誉历史随笔的主要方向。《唐代官场的“两面人”》紧扣党中央提出反对“两面人”的政治要求，从唐代历史上选取了多个具有典型意义的“两面人”，以生动的笔触刻画他们的丑恶嘴脸，讲述他们的卑劣行径，进而分析他们对当时官场政治生态的严重危害，最后揭示他们的可耻下场。习近平总书记主持中央全面深化改革领导小组第二十一次会议上指出“允许试错、宽容失败”后，作者从“宽容失败”的政治生态，追溯“操刀伤锦”的历史渊源，纵横捭阖，娓娓道来，写成了《从“操刀伤锦”到“宽容失败”》。

其次，丹誉随笔善于从典型的人物和事例入手，剖析社会发展的历史规律。针对不少官员想为子孙留下丰厚家产而走上贪腐的严重问题，作者从历史上著名的清官贤相说起：诸葛亮的《遗表》谈他临终“不使内有余帛，外有赢财”，仅以《诫子书》告诫子孙“淡泊明志，宁静致远”。汉代太傅疏广退休回乡后，将自己丰厚的养老金和贵重器物全部分给乡亲，而不给子孙。他还对人说：“我为子孙置办家产就会让他们变得好吃懒做。子孙有本事，我再给他们财产，就会消磨他们志气；子孙没有本事，我再给他们财产，就会帮助他们犯错误。”盛唐名相张嘉贞终生不置产业，对不理解他的人说：“我贵为将相，不必为衣食发愁，但若犯罪田产再多都会一无所有。朝中官员费尽心机为子孙占那么多田产，都变为不肖子弟腐化的本钱。”从这些生动的历史故事中，总结出历代名臣虽然没有为子孙留下丰厚的物质财富，却为子孙传下了清白家风，这种无价的精神财富，不仅是家族，也是中华民族弥足珍贵的精神财富。作者正是这样在浩渺如烟的史海中，探索历史的轨迹，为今人和后人提供历史的关照和镜鉴。

最后，作者能够从正反两方面经验教训的对比中得出科学结论。《“贪官”李林甫的精神压力有多大》一文，讲述李林甫家居“重关复壁”“夜数移床”，外出“宰相驺从之盛，自林甫始”。从李林甫外表光彩照人起笔，剖析到他内心则如临大敌、惶恐不可终日；从他喜欢弄权误国，写到他本性口蜜腹剑；从他生前位极人臣、荣宠绝世，写到他死后身败名裂。《奢华嫁妆与宰相之死》中，作者巧妙选择了杨收和裴坦这对儿女亲家，因对待新婚子女那份奢华嫁妆截然不同的态度，直接导致他们完全相反的人生成败，最终产生这种必然结局，从中折射出勤俭清廉纳福，骄奢淫逸招祸的朴素哲理。《“钻钱眼”与“自在军”》《何必“徒烦牛足》则是同一人，原本可以名垂青史，但因贪得无厌而转化为反面人物，本质都发生了根本的变化。《从苏武到于什门》一文，则是将这两位有相似经历的人物，用翔实的时间、数据、地位、作用、结局、影响等进行全方位比较，得出强烈反差，使读者通过作品获得忠奸分明、善恶必报的启示，产生强烈共鸣和心灵震撼。

文而无质，行之不远。质而无文，行之不久。辩而不华，质而不俚。文直事核，文质彬彬。这些前人的审美经验，应该可以看作历史随笔写作的不二法则。可以看出，丹誉是把这些古训奉为圭臬，并朝这个目标努力的。只要潜心向学，辛勤耕耘，他的文章，必然会迈上新的境界，这是足可期待的。

中国作家协会原党组副书记
现任中国散文学会会长 王巨才

2019年3月31日于北京

目　　录

壹
读书治学

贰
修身养性

叁 官德善政

肆 清廉公正

伍

制度得失

壹　读书治学

仁，家国天下的博大情怀

对父母的“孝”，对兄弟的“悌”，以及对大自然的包容，成为“仁”的核心思想。

中国古人特有的家国天下情怀，一直在影响当世，感召后人。

2500 多年前，孔子的这种情怀使他毕生致力于弘扬自己开创的儒家学说，因此成为中国著名的思想家、教育家。他带领弟子周游列国 14 年，晚年回到故乡鲁国修订儒家经典“六经”，即《诗》《书》《礼》《乐》《易》《春秋》。相传他有弟子三千，其中七十二贤人。孔子去世后，他的弟子及其再传弟子把孔子与弟子最能代表儒家思想的言行语录记录下来，整理编成儒家最为著名的经典——《论语》。

在这部伟大的经典中，集中体现了孔子学说的最高理想境界和儒家学说的思想核心——“仁”。《论语》记录：“仁者爱人”“克己复礼为仁”“孝悌也者，其为仁之本与”等，可见，“仁”的核心是爱人。仁字从人从二，也就是人们互存、互助、互爱的意思，故其基本含义是指对他人的尊重和友爱。

孔子的伟大思想既是时代现实需要的产物，更是历史发展的必然结果。他提出的“仁”就是继承古代圣贤尧舜二王和周公等人的优秀思想而形成。

舜幼年丧母，父亲续弦并为舜生下同父异母的弟弟象。继母特别忌恨舜，几次想谋害他。父亲知道真相后，决心休掉这个恶毒的女人。舜却跪下哭求父亲说：我之所以这样是因为没有亲妈，如果您休了继母，弟弟象就和我一样也失去了亲妈……父亲、继母和弟弟都为舜的真诚所感动。此后，舜更加孝顺父亲、继母，爱护弟弟。舜以孝道闻名于世，后来，接受了尧帝的禅让，成为一代明君。

商汤出巡，见到百姓在野外围猎时，从四个方向张开罗网，并且高喊祝词，希望天下所有的野兽都能进入他们的罗网，从而成为他们囊中的猎物。商汤感叹：不能过度捕杀！于是制止围猎，并让大家撤去了三个方向的罗网。

从舜帝的孝道，到商汤的感叹，无不体现出中国人关怀天与人的爱心。这些被孔子继承发扬成为“仁”，尤其是以对父母的“孝”，对兄弟的“悌”，以及对大自然的包容，作为“仁”的核心思想。

孔子的一个重要思想“己所不欲，勿施于人”，典出《论语》，是指自己所不愿意要的，不要强加于别人。这是孔子将“仁”变成政治主张的深刻总结。而他在这方面的具体实践也有史册的记载：当权者季康子向孔子请教国家如何消除盗窃，孔子则回答：“苟子之不欲，虽赏之不窃。”这种设身处地、换位思考的“仁”，成为儒家处理人际关系的基本准则。

一次，孔子在深山，遇到一名妇女在哭祭被老虎吃掉的亲人。

孔子问明缘由，才知道这位妇女一家人是为了躲避家乡苛刻的暴政，才逃入虎患猖獗的深山。孔子因此得出了“苛政猛于虎”的重要思想，就是后世仁政的思想渊源。

这些闪光思想，成了中华民族的宝贵财富，孔子也因此被奉为“万世师表”“大成至圣”。

“仁”的内涵从孝亲敬老、兴家乐业，走向济世救民、匡扶天下的情怀。

在孔子之后的两百年，儒家学说的又一集大成的思想家——孟子横空出世。“孔曰成仁，孟曰取义。”孟子在孔子仁说的基础上，提出著名的“仁政”。他提出了“性善论”，作为仁政的理论基础，只要通过不断学习“人皆可以为尧舜”，把古代的民本思想发挥为“民贵君轻”的理论。

儒家另一部与《论语》齐名的经典《孟子》，记录了孟子这一伟大思想：“老吾老，以及人之老；幼吾幼，以及人之幼。”他把孔子的“仁”由原来对于从血缘关系向外延伸到个体人的关怀，推广到对天下人的关怀。孟子因此获得了与“至圣”孔子并列的“亚圣”称号。

汉武帝元光元年（前 134 年），一位叫董仲舒的儒生在给汉武大帝上奏的《对策》中，围绕“仁”这个传统思想，提出了自己的最新理论。他将仁、义、礼、智、信的“五常”，作为处理人伦关系的原则，为当时和后世的社会政治和经济的稳定做出了一定的贡献。

董仲舒在这篇著名的策论中，列举了一个关于“仁”的经典事例：春秋时期，鲁国国相公仪休看到自己的家眷在织布，雷霆大怒，休了管家务的妻子。在府中吃到爽口的“葵”，打听到是自家园子里种的，又怒气冲天地拔掉了园中长势喜人的“葵”。公仪休义正词严地告诫家人：我们全家已然享用国家丰厚的俸禄，你们再种菜、织布，这肯定会影响菜农和织女的生意，实质就是你们抢了人家的活路！这则故事被司马迁记录在《史记·循吏列传第五十九》中，和它被一同载入的还有一个经典故事就是“公仪休嗜鱼”。

魏晋南北朝时期，“仁”依然在社会各个层面传承发扬。从孝亲敬老、兴家乐业，真正走向济世救民、匡扶天下的家国情怀。从隋唐到宋，“仁”在向更深层次、更广领域延伸。

北宋庆历六年（1046 年），政治家、思想家范仲淹在千里之外，看到好友滕子京送来一幅刚刚重修竣工的岳阳楼的画作，发出了“先天下之忧而忧，后天下之乐而乐”的千古之叹。其实，范公这种古仁人之心，既有源远流长的儒家渊源，又有自己独有的身世和感受。宋代王辟之《渑水燕谈录》中记载：范仲淹贬谪为邠州知州时，一次暇日（古代官员每十日休息一天，称十旬休暇）带领僚属部下登临高楼，刚摆好酒宴，尚未开席，只见楼下几个披麻戴孝的人在为死去的亲人收拾葬具。范公立即询问，原来是一位客居邠州的读书人病逝，亲属想将他安葬在近郊，可是买不起棺木。范公感伤不已，立即撤宴，并慷慨解囊厚赠他们，让其妥善办理丧事。在场宾客感叹不已，竟然“有泣下者”。范公的善举不止于此，他还开创了著名的慈善事业——义庄，不知救济了多少困难的人，在中国历史上传承着雪中送炭的仁爱。

从“先忧后乐”到“为生民立命”，是“仁”的不断升华。

在宋代这个文化空前繁荣的时代，范仲淹与张载的互动，对程、朱的影响都有史迹可寻。从范仲淹“先忧后乐”到张载的“为生民立命”，也是“仁”从实践到理论的过程。

明正德九年（1514 年），43 岁的王阳明开始“致良知”——这个传统“仁”思想的新探索。他提出：“仁者以天地万物为一体。”并且，他在《与黄勉之书》《答欧阳崇一书》《答聂文蔚书》《与黄宗贤》等篇中，均对这一重要哲学命题进行了深入研讨。他在这一哲学思想的指导下，完成自己立言、立德、立功的完美人生，并且对后世产生了深远影响，成为“知行合一”的典范。

清雍正十一年（1733 年），国家“抡才大典”殿试结束之后，雍正皇帝拆启密封的试卷，准备钦点三甲。开卷方知，新科探花（一甲第三名）为张若霭。满朝文武得知探花是军机大臣、大学士张廷玉的公子，都当场恭贺。而张廷玉却立即跪拜坚辞：因若霭是我的儿子，万万不可。雍正说，试卷密封，阅卷你又回避，有主考官的考评，又是朕的主意，无妨。张廷玉诚恳启奏：臣两代宰辅，已经世蒙国恩了，天下寒门子弟很多，还是让给他们吧……张廷玉这种谦让与心怀天下的仁心，也是乃父张英“一纸书来只为墙，让他三尺又何妨。长城万里今犹在，不见当年秦始皇”的遗风传承。

从“老吾老，以及人之老”的仁心，到“先天下之忧而忧，后天下之乐而乐”的胸襟，古往今来，仁，这种博大的情怀，一直在传承，在弘扬，在发展。90 多年前，在嘉兴南湖的一艘普通的画舫中，刚刚宣告成立的中国共产党就制定了“为了谁”这个最根本的原则。革命战争年代，毛泽东同志把共产党这种最为宝贵的为人民服务的精神，总结为“全心全意为人民服务”并且作为我们党的根本宗旨。改革开放以来，邓小平同志指出：我们的工作和政策一切都要有利于人民，人民满意不满意，人民赞成不赞成，人民答应不答应，做到这些就不愧对人民。党的十八大以来，习近平总书记提出：人民群众的事情就是我们的牵挂。

这是“仁”在我们历史进程中的不断升华！

义，浩然正气满乾坤

“我善养吾浩然之气”。2307 年以前，“亚圣”孟子的这句名言被他的弟子载入了与《论语》齐名的《孟子》一书中。

孟子，名轲，字子舆，生活在约公元前 372—前 289 年，是战国时期伟大的思想家，也是儒家集大成者。他与孔子齐名，因此儒家学说也被奉为孔孟之道。正是因为他们的开创和后人的弘扬，才使儒家学说成为中国古代的正统思想，几乎一直居主导地位 2000 多年，对中国乃至世界产生了重要的历史影响。

如果说作为“至圣”的孔子最大的成就是提出“仁”的思想，那么“亚圣”孟子的最大贡献就是完整地论述了“义”的概念。到底什么是“义”？“义”是如何产生的？如何培养“义”？如何来看待“义”？这些重大问题在《孟子》中均有精彩论述。孟子说：“仁，人心也；义，人路也。”“至大至刚，以直养而无害，则塞于天地之间。其为气也，配义与道……”

“义”是怎么来的？孟子认为：“义”的形成“是集义所生者，非义袭而取之也”。

他巧妙地运用一个寓言来说明“义”的培养：古时候宋国有个

人，担心自己家的禾苗长势太慢，就急不可耐地冒着烈日、不辞劳苦，将田地的禾苗一一拔高许多……当他疲惫不堪地回家，并且把自己的功劳告诉全家后，儿子跑到田地里一看，满地禾苗已然枯死殆尽……这个生动的寓言被载入《孟子·公孙丑上》，孟子以此就如何培养义，进行了精妙绝伦的阐述。他认为像这种不顾自然规律，只想主观冒进的做法，对培养义“非徒无益，而又害之”。

“生，亦我所欲也；义，亦我所欲也。二者不可得兼，舍生而取义者也。”孟子从生死的极致来严肃地看待“义”，以简明而庄严的语言，阐明了这个重大命题。特别强调，当我们在“义”和生命二者作出唯一选择时，应该“舍生取义”。这就是后世所谓“舍生取义”。此典出自《孟子·告子上》。

虽然，孟子将“义”提高到空前的高度，并与孔子提出的核心思想“仁”并列，但“义”是孔子首先提出，这一事实毋庸置疑。

在孟子之前的一两百年，孔子在《论语》中多次提到了“义”：“见得思义，见利思义。不义而富且贵，于我如浮云。”“不仕无义”……他在《礼记》里说：“义者艺之分，仁之节也。”

也就是说，他把义作为“仁”之下的二级命题来看待。这已经是非常难能可贵。直到宋代的程、朱诸子对此都有更深入的论述。

从孔子到“仁”到孟子的“义”，不仅有更深层次的历史文化渊源，更有思想文化的传承。

早年，春秋时的卫庄公有个公子州吁，因是庄公宠妾的儿子，受到庄公格外宠爱，喜欢舞枪弄棒，惹是生非。卫国大夫石碏多次劝谏庄公说：“应当对公子州吁严加管教，别让他走上邪路。”不料，到周桓王元年（前719年），公子州吁竟然弑父庄公而自立。

大夫石碏得知儿子石厚正是州吁的帮凶，就痛下决心设计派人赴陈国，于当年九月，杀死儿子石厚和元凶州吁，并拥立庄公弟弟公子晋继位，是为桓公。这就是著名的典故“大义灭亲”。

春秋时期，晋灵公十分残暴，正卿（国相）赵盾苦苦劝谏仍无济于事。晋灵公竟想杀赵盾，他仓皇出逃。周匡王六年（前607年），赵盾的弟弟赵穿在桃园行宫弑杀了昏君晋灵公。赵盾回到都城。晋国太史董狐在史书记录：“赵盾弑其君。”赵盾连忙解释：太史大人，您搞错了吧，不是我杀的国君。董狐说：“你身为上卿，国君被弑，你逃出国都，没有离开国境，回到都城，你却不追查凶手，你不是主谋还会是谁!”赵盾哑口无言。孔子称赞说：“董狐，古之良史也，书法不隐!”

孔子在整理《春秋》时，既运用了“一字之间，足见褒贬”的春秋笔法，又加了画龙点睛的评语，从实践上，对“义”进行深刻总结。此后，《韩非子·外储说左下》：“三军既成阵，使士视死如归，臣不如公子成父。”《吕氏春秋·勿躬》：“三军之士，视死如归。”《管子·小匡》（后人的托名之作）：“平原广牧，车不结辙，士不旋踵，鼓之而三军之士视死如归，臣不如王子城父。”这些经典都运用视死如归的典故，来形容为了正义事业，不怕牺牲生命的大义壮举。

汉高帝统一天下，齐王田横带领五百壮士逃入东海一个小岛。高帝就派使者召他入朝，田横却坚辞不受。使者回奏高帝。刘邦为了消除他的顾虑，下诏给卫尉郦商（其兄郦食其被田横烹杀）说：“有敢动齐王田横及部从者，立刻诛灭九族!”派使者告知田横，并且传旨：“田横进京，大可封王，小则封侯；若不来，即行剿灭。”

田横只好带两个随从，前往行在洛阳。当他到离洛阳三十里的尸乡（今河南省偃师市首阳山镇）驿站，就对汉使说：“我为人臣朝见天子，应沐浴为敬礼。”就停下来。他对随从说出心里话：“当初，我田横和刘邦都是南面称孤的王，如今他做了天子，我却沦为阶下囚。何况我烹杀了郦食其，却要与他的弟弟郦商同朝为官，纵然因皇帝的诏命，没人杀我，我也羞愧难当。天子召我来朝，无非想见一下我的容貌。我割下自己的头，你们快马飞奔三十里，容貌还不会改变……”遂引颈自刎。高帝泪如雨下，感叹：“对不起呀！田横是平民百姓出身，兄弟三人相继为王！”以王礼安葬田横。已拜都尉的两个随从，当场自杀为田横殉葬。刘邦又派使者召其余五百部下进京，这五百人听到田横已死，就纷纷自杀。从田横到五百壮士，莫不是为了他们心中的义而壮烈牺牲……正是孟子所谓“舍生而取义者也！”

西汉太史令司马迁当读到《孟子》，颇为感慨地说：余读孟子书，至梁惠王问“何以利吾国”，未尝不废书而叹也。曰：嗟乎，利诚乱之始也！夫子罕言利者，常防其原也，故曰“放于利而行，多怨”。自天子至于庶人，好利之弊何以异哉！司马迁正是从孟子而立“义利观”，这也成为古代知识分子坚守“义”，保持一种孟子“浩然之气”的传统。

“义”在中世纪的中国，并不是仅仅停留在哲学经典，而是深入渗透到社会生活的各个层面，乃至人们骨髓和血液之中，就连决狱断案也得严格按照“义”的精神。两汉之世，“春秋折狱”（按照春秋大义来判决案件）之制蔚然成风。

汉武帝时代，发生一起案件，某甲的父亲与人争执，竟然相互殴斗起来。只见，对方挥剑直刺甲父。某甲见状，急忙抄起一根木棍前来帮助父亲，以棍直击对方，不料却重重地将自己父亲击打成重伤。地方官员拟以忤逆之罪，伤父之实立案定罪，但又吃不准。博士董仲舒则经查问判定：从形式上看是某甲伤父，应判忤逆；实则为救父，系误伤。以春秋大义来判决，则无罪。原被告双方和地方官皆心悦诚服。其成功的奥妙正是在于“义”。

唐宪宗元和十四年（819 年）正月，宪宗皇帝派使者去凤翔法门寺迎请佛骨，从扶风法门寺到长安绵延 400 里“经天烛地”，王公大臣百姓，为之贡献倾家，甚至为敬大体上佛骨而自残。“有竭产充施者，有燃香臂顶供养者。”此时，深知“朝斥一人，夕贬万里”严酷现实的当朝刑部侍郎的韩愈，却不顾高官厚禄和身家性命，毅然上书——《论佛骨表》，极力劝谏不要迎请佛骨，宪宗“大怒，将加极刑”，好在经宰相裴度、崔群等人极力劝谏，盛怒未消的宪宗终将韩愈远贬为潮州刺史。

时值初春（春节期间），韩愈被迫上路，贬谪途经风雪弥漫、云横雪涌的秦岭时，车马难行。他怆然写下“一封朝奏九重天，夕贬潮阳路八千。欲为圣明除弊事，肯将衰朽惜残年……”的诗篇，表达了诗人为民请命，以江山社稷为念的凛然大义。

南宋恭帝德祐二年（1276 年），元军攻陷南宋首都临安，右丞相兼枢密使文天祥被俘。元朝许以高官厚禄，他仍坚贞不屈，英雄就义于大都（今北京）。他的《正气歌》浩然正气贯日月，为天地纲常之命，为人伦道义之根。他身处牢狱之中，仍然一身正气，民族大义，感人至深。就连元朝君臣都油然而生敬意。

明惠帝建文四年（1402 年），燕王朱棣（明成祖）发动靖难之役成功篡位后，请“读书种子”、第一大儒——方孝孺为他起草登基诏书。明成祖降榻，好言相劝：“方先生不要再折磨自己，我是想效法周公辅成王。”方孝孺在朝堂之上，公然痛斥明成祖不该谋逆篡位，以致自己被凌迟磔杀，并且被处以中国历史上最为残酷的夷灭十族，株连坐死 847 人（一作 873 人）。方孝孺化为义薄云天的浩然正气。

“望门投止思张俭，忍死须臾待杜根。我自横刀向天笑，去留肝胆两昆仑!”这是维新义士谭嗣同绝命诗——《狱中题壁》。诗中充满了维新志士“有心杀贼，无力回天”的悲壮，更散发出豪情义气。1898 年（光绪二十四年）9 月 21 日，慈禧太后发动戊戌政变，囚禁光绪皇帝，废除新法，缉拿维新党。谭嗣同听到政变消息后，置自己的安危于不顾，多方活动，设法营救光绪帝。当彻底失败后，他决心以死来殉变法事业。他对劝他离开的人说：“各国变法无不从流血而成，今日中国未闻有因变法而流血者，此国之所以不昌也。有之，请自嗣同始!”用自己热血来唤醒民众向封建顽固势力作最后的抗争。1898 年 9 月 24 日，谭嗣同在浏阳会馆被捕。9 月 28 日在北京宣武门外的菜市口刑场英勇就义，年仅 33 岁。

1927 年 4 月 28 日，伟大的共产主义战士李大钊慷慨高呼“不能因为反动派今天绞死了我，就绞死了伟大的共产主义，共产主义在中国必然得到光辉的胜利……共产党万岁”后，于西交民巷北洋军阀的京师看守所内英勇就义，时仅 38 岁。李大钊先生在狱中受尽敌人的酷刑，但始终大义凛然，坚贞不屈，用生命承诺了“铁肩担道义”的誓言。为了纪念他的正义精神，人们把他就义地改名为“正义路”。

1948 年 8 月 12 日，著名文学家朱自清先生因拒食美国救援面粉而患严重的胃溃疡导致的胃穿孔，不幸逝世，享年 50 岁。在反饥饿、反内战的实际斗争中，他身患重病，签名于《抗议美国扶日政策并拒绝领取美援面粉宣言》，并嘱告家人不买配售面粉。最终，坚守了一个中国知识分子的民族大义。

莫大于礼

《资治通鉴》周威烈王二十三年（前 403 年）记载，当初周天子开始任命诸侯晋国的三个大夫魏斯、赵籍、韩虔为诸侯。这个看似平常的事件，却成为这部鸿篇巨制史册的开篇之笔。随即，主编司马光对此展开了长篇评论，强调："天子之职莫大于礼也。"可见"礼"在中国传统文化中的特殊地位。

礼，本是个会意字。从示，从豊（lǐ）。"豊"是行礼之器。本意是举行仪礼，祭神求福。社会生活中，指由道德观念和风俗习惯而形成的仪节，也指符合社会整体利益的行为准则。

春秋时代，孔子的学生颜渊向夫子请教儒家思想最为核心的理论"仁"，孔子则回答："非礼勿视，非礼勿听，非礼勿言，非礼勿动。"这个重大理论问题被明确地载入《论语》。不合乎礼教的东西不能看，不合乎礼教的东西不能听，不合乎礼教的东西不能说，不合乎礼教的事不能做。这个关于礼的规则，在中国历史上影响深远。就连《西厢记》中崔莺莺的丫鬟红娘，都用此语责问过张生。可见，其影响几乎达到了妇孺皆知的地步。

孔子十分重视礼，认为普通人，"不学礼，无以立"；对贵族而言，“上好礼，则民易使”，“上好礼，则民莫敢不敬”。甚至，他所提供的“礼”，会具体到社会各角落、个人生活的各层面。季氏舞八佾，只是在人的数量上超过了他身份等级的规定，而孔子却把之视为违反“礼”的不道行径。他认为，礼乐不仅是一种形式和节奏，而且更具有为本质的内涵。比如，他对行孝三年这个形式，进行了本质的探讨，并把它上升到儒家思想核心——“仁”的高度来看待。因而，使“礼”成为孔子思想的核心概念，并且依照周制将“礼”进行仪式化、具象化，从而成为当时和后世的等级制度和行为规范。

到了孟子，他则是单纯从普通人的情感相同（“人心所同”）的角度，提出自己关于“礼”的主张。他见到齐宣王“好乐”，没有针对乐制本身来讨论，而是发问“独乐乐，与人乐乐，孰乐”，最终提出“与世同乐”。由此，推广到“好色”“好田猎”“好货”等，得出“与民同之”的结论，最终回归“礼”的本质。

西汉戴圣对先秦以前礼仪著作整理，编纂而成《礼记》，共49篇，涉及制度、通论、名堂阴阳、丧服、世子法、祭祀、乐记、吉事等方面。东汉末年，著名学者郑玄为之作了出色的注解，后来此本久盛不衰，并成为解说经文的经典。

“礼”没有仅仅停留在经典之中，而是进入先秦、两汉以及以后的社会生活之中。“楚王问鼎”一事出自《左传·宣公三年》，见于《史记·楚世家》。

楚庄王即位后，楚国再次崛起。周定王元年（公元前606年），楚庄王伐陆浑之戎，一直打到洛水之畔，并且在周王的领地进行盛大阅兵式（“观兵于周疆”）。周定王派王孙满去慰劳楚军，以观其动静。楚庄王竟急不可耐地问“鼎之大小轻重”，意欲移鼎于楚。鼎本来就是三代重要的礼器。这里所说的鼎，是指禹铸九鼎，是天下九州和王权的象征。王孙满回答：主宰天下重在王者自己的德，而不在乎鼎。昔大禹有德，各方朝贡，献金九牧，以铸九鼎……“周德虽衰，天命未改，鼎之轻重，未可问也！”大有取周而代之意的楚庄王，看到作为周定王使者的王孙满有礼有节，只好退出周王领地。

无独有偶，魏黄初元年（220年），魏王曹操驾崩，太子曹丕即将继位代汉之际，曹操另一个儿子鄢陵侯曹彰，从长安军前赶回奔父丧，追问贾逵先王玺绶所在。逵正色呵斥：“太子在邺，国有储副。先王玺绶，非君侯所宜问也！”楚王问鼎中原，曹彰问先王玺绶，都是违礼制、越雷池的大忌，也成了千秋史册的笑柄。

刘邦已经统一了天下，公侯将相经常酗酒争功，甚至在朝堂上拔剑击柱。刘邦对此深恶痛绝却无可奈何。汉高帝五年（前202年），博士叔孙通上奏：“我和弟子们共同为陛下制定一套朝廷上使用的礼仪，来解决这个难题。”于是，叔孙通就到孔子故里找了30个儒生，和刘邦身边的儒生以及自己的弟子合在一起，共一百多人，拉起准绳，立起草人，开始演习……长乐宫建成了，各地的诸侯和朝廷里的大臣们都来参加十月的朝会。从诸侯王以下，所有的人都诚惶诚恐，肃然起敬。群臣行礼过后，又严格按照礼法与宴。整个朝会自始至终，没有一个人喧哗失礼。刘邦高兴地说：“吾今始知天子之贵也！”

儒家主张的“礼法”，其实是“以礼入法”。汉儒以关于“礼”的经典来撰写法律章句来解释法律。《晋书·刑法志》载，叔孙宣、郭令卿、马融、郑玄诸儒章句十有余家，家数十万言，断罪所当由用者合 26272 条，773 万余言。自魏以后，儒家参与制定法律，他们更有机会将体现儒家中心思想的“礼”杂糅在法律条文里，使法律发生了重大变化，影响深远。《周礼》有八议之说，魏始以八议原则指导立法和司法（“入律”），魏晋以降，直至隋、唐、宋、明，皆载于律，到了清代才不复引用。特别显著的就是丁忧之制，是严格按照“礼”，规定：父母之丧三年，“匿不举哀、释服从吉、冒哀求仕、居丧生子、嫁娶、兄弟别籍异财皆有罪”，一直延续到清亡。以礼入法，始自魏、晋，历南北朝至隋、唐而集其大成。东汉陈宠所云：“礼之所去，刑之所取，失礼则入刑，相为表里者也”，深刻揭示了中国古代礼法的基本精神。

公元前 199 年，汉高帝刘邦平定叛乱后回到长安，发现丞相萧何已下令营造了未央宫。宏伟壮丽，异常奢华。刘邦勃然大怒，责问萧何：“天下混乱苦战数年，胜负未知，建造如此豪华的宫殿，未免太过分了吧？”萧何回答：“正因为天下尚未十分安定，才可以乘机建造宫室。况且天子占有四海之地，不如此不足以体现天子的威严。建造得壮丽一些，可以叫后代永远无法超越它”（“天下方未定，故可因遂就宫室。且夫天子四海为家，非壮丽无以重威，且无令后世有以加也”）。相国萧何讲得合情合“礼”，刘邦听得如饮甘醴。

君臣大礼，在中国古代是最为首要的礼仪。承平之世，自然不待言说，而天下大乱之际，即使亡国之君在窃国篡位的权臣面前，很多时候都是君臣大礼亦然森严。

《资治通鉴》记载：“（汉献）帝自都许以来，守位而已，左右侍卫莫非曹氏之人者。议郎赵彦尝为帝陈言时策，魏公操恶而杀之。操后以事入见殿中，帝不任其惧，因曰：‘君若能相辅，则厚；不尔，幸垂恩相舍。’操失色，俛仰求出。旧仪：三公领兵，朝见，令虎贲执刃挟之。操出，顾左右，汗流浃背；自后不复朝请。”

汉献帝建安十九年（214 年），当时曹操不仅控制了朝政大权，就连献帝身边的人（“左右侍卫”）都是他的人。献帝自从迁入许都，实际上徒有虚名，“守位而已”。操此后入宫见献帝，献帝害怕得不得了（“不任其惧”），甚至开口哀求曹操放过自己，这完全是正常的心态。虽然旧制统兵三公朝见时由皇帝虎贲卫队“执刀挟之”，不过这对于当日的曹操来说早已成为一纸空文。因为，此前献帝“左右侍卫莫非曹氏之人者”。可是，曹操在这个完全处于自己股掌之中，仅能“守位而已”的空名皇帝面前被吓成什么样子：先是大惊失色，点头哈腰地请求退下（“操失色，俛仰求出”）；再是出来以后，看看身边的人，汗流浃背；最后是从此以后终世不敢再请求觐见汉献帝了（“自后不复朝请”）。到底是一种什么样的力量，让曹操在这个已经成为自己傀儡的献帝面前如此失魂落魄？东晋权臣桓温见到自己刚刚拥立的新君的手诏时，吓得“流汗变色”；乱臣贼子侯景见到被自己重兵围困的梁武帝时，吓得“汗流被面”。

这种神奇的力量，不仅表现在外在形式对君权的敬畏，核心的影响力应该是亘古不变的君臣大礼，而且这种力量已经深入每个人的内心、血液和骨髓。

父子之礼，是整个“礼”的基础，居人伦大礼的首位。

嘉靖皇帝登基之初，大明帝国的君臣就遇到一场最为纷繁复杂的礼仪之争——“议大礼”。

正德十六年（1573年）三月十四日，明武宗驾崩。武宗无嗣，而孝宗也无皇子健在，皇太后张氏与摄理国政的大学士杨廷和，遵照祖训和中国君位传承制度“兄终弟及”的原则，议定国策：由尚未正式袭承王位的兴献王世子朱厚熜入继大统，派使团赴其封国安陆州奉迎。四月初一，朱厚熜拜别其父（兴献王）陵墓，并于次日辞别母亲兴献王妃即行启程。四月廿二，他到京城地界后没有立即进城，而是先在郊外等候。当时，朝廷就产生了以什么礼仪迎接朱厚熜的分歧。礼部尚书毛澄根据摄政大学士杨廷和的授意，遂拟定朱厚熜以皇太子即位的仪式。这就给原本复杂的朱厚熜的身份——本身是明宪宗之孙，明孝宗之侄，明武宗的堂弟，兴献王朱祐杬世子，又增加了一层更加浓重的迷雾。

朱厚熜继位是为明世宗，年号嘉靖。他以藩王入继之始，君臣朝野就为争“礼”展开了一场声势浩大的争斗。“始而争考、争帝、争皇，继而争庙及路，终而争庙谒及乐舞。”斗争的焦点是如何确定世宗生父朱祐杬的名分。到底是用藩王，还是皇帝的父亲，两派各执一词，并且各有道理。拟定藩王之议者的理由是，虽然他的儿子朱厚熜当了皇帝，但却是过继身份继位，即是以正德皇帝的弟弟身份继承皇位，法统的名义就应是孝宗的儿子，而与生父兴献王之间只有血缘关系，而法统上讲只能称生身之父为叔叔；而拟定皇考之议者，认为朱厚熜继承皇统，而非继承皇嗣（“继统不继嗣”），皇统不一定非得父子相继，并援引汉定陶王、宋濮王都是预先立为太子，养在宫中，实际上已经过继给汉成帝和宋仁宗，

“其为人后之义甚明”，并坚持仍以生父为考，在北京重新修建兴献王庙。主张藩王礼的一派以摄政大学士杨廷和为首，有礼部尚书毛澄等文武大臣 60 余人的强大阵容；而主张皇考之礼的是看起来势单力薄的新科进士张璁。然而，皇考之礼甚合 15 岁的嘉靖皇帝的圣意，他在览奏之时，感慨万端地说“我父子得以保全了”（父子名分和礼仪得到保全）。于是，嘉靖皇帝自然成了皇考之礼的大后台。

从正德十六年（1521 年）到嘉靖十七年（1539 年）间的这场耗时长达 19 年的斗争波澜起伏。大礼议“始而争考、争帝、争皇，继而争庙及路，终而争庙谒及乐舞”，皇考之礼日益占上风，最终大获全胜；而持藩王之礼一派则节节失利，最终一败涂地。其间，双方几百人因此而受梃杖、下狱、贬官、流放，甚至杀头……从表面上看，双方形同水火，而就其本质而言都是共同维护正统的大礼。

官员作为礼的制定者，同时又必须是礼的遵守者。《尚书·说命上》：“忧，居丧也。”所以，古代凡官员遭遇到父母丧应立即向朝廷报告，并弃官家居守孝制，史称“丁忧”。“自闻丧日起，不计闰，守制二十七月，期满起复”。从得到噩耗之日起，请假二十七个月（俗称三年），回原籍守丧。服满再行补职。但凡国家遇到突发紧急事态，着令本应离开职位的官员不必离职，只要“素服治事”，已经回原籍居家守制的官员，奉召复出任职，中止守制，史称“夺情”，变称复起。唐代大儒孔颖达《礼记正义》中阐明：“（夺情）此一经，是权礼也。若值国家有事，孝子不得遵恒礼，故从权事。”可见，守孝和“夺情”都是依礼而定。守丧之制是为尽人子之礼，“夺情”之法则是为尽人臣之礼。守孝是常态，“夺情”属常理。丁忧源于汉代，较早关于夺情的记录见《周书·王谦传》：“朝议以谦父殒身行阵，特加殊宠，乃授谦柱国大将军。以情礼未终，固辞不拜，高帝手诏夺情，袭爵庸公。”唐代已经建立起较为完备的“夺情”制，宋代朝廷则由太常专门主管夺情事务。明代有了最为严格的规定：“内外大小官员丁忧者，不许保奏夺情起复”。明英宗一朝就多次下诏要求，不得“匿丧”“夺情起复”。

万历五年（1577 年），当朝帝师、首辅大学士张居正的父亲去世，万历皇帝下诏“夺情”。文武百官一时弹章飞奏，声讨张居正“夺情”，万历皇帝为了达到“夺情”目的，不惜动用梃杖打死致残官员，才平息反对声浪。然而，这也成为张居正和万历极不光彩的一笔历史旧账。

晚清咸丰七年（1857 年）二月四日，曾国藩的父亲溘然长逝。正在江西前线，以兵部右侍郎衔统率湘军与太平军激战的曾国藩，竟于二十一日离营回籍。当时，左宗棠就写信骂他：不该在长毛（太平天国）乱兵席卷天下，国难当头之际，以私孝为先，而置人臣“夺情”之礼于不顾，你的所作所为符合圣贤之道吗？就连曾国藩都认为左宗棠批评得很有道理，因为“夺情”之制是汉唐以来中国士大夫遵守孝礼的重要原则。曾国藩仅因为要为父亲一个人服丧守孝，就置军国大事于不顾，甚至置万急军情于不管，显然是违背礼这一基本原则的。

天下大智传古今

唐贞观十三年（639年），太宗皇帝征询宰相意见："治国理政需要大批贤才。以老办法选拔人才，很受局限。朕想出了一个选拔人才的办法，让应选者自荐，不知诸位意下如何？"侍中魏征回奏："知人者智，自知者明。人贵自知，陛下广开人才进取之路，天下贤能之人必将纷至沓来。"大唐遂行这项自荐之制。一时间，群贤毕至，人才辈出。

唐太宗和魏征这对千古名君贤相研究的这项自荐政策源于老子的名言："知人者智，自知者明。"（语出老子《道德经》第三十三章）然而，2700年前老子的思想体系中，对"智"颇有微词。

年轻老子20岁的孔子，却给"智"以更加丰富的内涵，并且使之成为儒家道德的重要规范。他提出：见多识广，有远见卓识，具备敏锐观察力、鉴别力、判断力的人是"智者"。他把"智"与"仁""勇"两个儒家思想核心并举，合为君子之道，即"知者不惑，仁者不忧，勇者不惧"。

两个世纪后的孟子把孔子"仁、义、礼"，发展为"仁、义、礼、智"，西汉大儒董仲舒再次拓展为"仁、义、礼、智、信"，史称“五常”。这就成为中华传统伦理和价值体系的最核心的基础。中国著名的传统国学普及读本——《三字经》也有这样的内容：“曰仁义，礼智信。此五常，不容混。”

“智”在理论上的发展是以丰富的实践为基础的。据《史记》记载：远在西部边区的诸侯西伯侯姬昌的封国周日益强大，引起了日渐衰落王朝的末代君主殷纣王的猜疑，加上西伯侯的政敌崇侯虎的谗言，本来就疑心重重的纣王立即将西伯侯关押在羑里（今河南汤阴一带）的监狱。他在牢里，潜心“演易之六十四卦，各为象”。西伯侯的家臣闳夭等人为营救文王出狱，搜求美女、宝马、珠玉献给纣王。贪财好色的纣王大喜过望：“仅此一物，足矣！”立即释放西伯侯出狱。而传统说法更为神奇——说文王（西伯侯）想迷惑纣王，使周能继续发展壮大，就故意卜算出，看起来十分凶险的羑里牢房，正是最安全的地方。据说，周文王在此著就了我国最早的一部哲学著作——《周易》。50岁之后的孔子特别钟爱这部智慧的著作。后世儒家学者都认定《周易》的另一版本——《易经》是孔子所著。因此，《易》也就成了儒家智慧的经典。

战国时代，田忌赛马的千古佳话，把“智”演绎到极致。

齐国宫廷风行赛马，大将田忌更是嗜之若饴。齐威王就和田忌相约赛马。前来观阵和押注者趋之若鹜。为了取胜，田忌就请孙膑帮自己出主意。孙膑看到双方马匹势均力敌，都是按上、中、下三等分列，并了解了比赛规则后对田忌说：“将军只管押注，我定能让您取胜。”比赛开始之前，孙膑说：“您用下等马和对方的上等马比，再拿您的上等马和他们的中等马比，最后拿您的中等马和他们的下等马比。”三局两胜，孙膑用自己的超人智慧帮助田忌赢得最终比赛。于是，将军田忌把孙膑推荐给齐威王。齐威王向这位智者请教，就请孙膑当齐国军师。

作为中国历史上智慧的化身——诸葛亮，民间传说他上通天文，下知地理，虽然有许多神话彩色，但史册记载，“亮性长于巧思，损益连弩，木牛流马，皆出其意；推演兵法，作八阵图，咸得其要云”。（《三国志·诸葛亮传》）特别是他改造连弩，发明木牛流马（可能是一种半机械化的运输工具），在当时的历史条件下是不可想象的。这些都在实战中有充分运用。“十二年（建兴十二年，234 年）春，亮悉大众由斜谷出，以流马运”。他去世后，老对手魏国的实际最高统治者、西晋王朝的奠基人——司马懿察看了蜀军撤退后留下的营垒，发自内心地称赞诸葛亮道：“天下奇才也！”另外，史册还记载：“亮言教书奏多可观，别为一集。”他的著述很多都收录在单独的文集中。

魏文帝黄初三年（222 年），北海王曹衮听说自己的臣僚将向皇帝汇报自己谨慎好学的德行，遂大惊失色，并埋怨臣僚如果在皇帝面前表扬他的话，“是适以增其负累也”，就是给他制造麻烦。他的这席话与 148 年前东汉北海敬王刘睦几乎同出一辙。东汉明帝永平十七年，北海敬王的属官中大夫即将进京朝圣，并称面见天子必奏报他的贤德，北海敬王当时大惊：“啊！您是要坑我吗？您就向皇帝报告我‘袭爵以来，志意衰惰，声色是娱，犬马是好’，这才是对我最大的爱护啊！”这二位大智若愚的王爷，为什么能异口同声，是因为王者特有的机智，使他们以此来保全自己。这绝不是事件的偶然，而是历史的必然。

中国历史上一次著名的以少胜多、以弱胜强的经典战例——淝水之战，正是中国古人把“智”演绎得淋漓尽致的体现。东晋太元八年、前秦建元十九年（383 年），前秦王苻坚统 80 万大军，以投鞭断流之势讨伐东晋，双方于淝水决战，最终竟然是只有 8 万人的东晋大获全胜。前秦一败涂地，并从此走向衰败灭亡。回顾当年席卷天下的前秦王朝，再想想雄踞北方的盖世英雄苻坚，为何以十倍之兵的绝对优势却遭此惨败？《资治通鉴》在记述整个战争过程之后，有补记：“开战之初，朱序在前秦军阵后大喊：‘秦军失败了！’前秦军队全部溃败纷纷逃命。”人们不禁要问，朱序何许人？他为什么要这么喊？

朱序原来是晋兖州刺史，东晋升孝武帝太元二年（377 年）被任命为梁州刺史，镇守当时北边重镇襄阳。朱序到襄阳后，严阵以待进犯的秦兵，就连他的母亲韩氏也率领府中婢女和城中妇女组成“娘子军”，修筑新的城防工事，老城被秦军攻陷后，部队很快转移到“娘子军”所筑的新城（史称“夫人城”）继续坚守。东晋襄阳守军在朱序率领下屡破秦军。太元四年（379 年）二月，朱序因部下降秦，引狼入室，致使襄阳失陷，自己被俘后被押送秦都长安。秦王苻坚非常赏识朱序，就封他做支度尚书。太元八年（383 年）十月，即淝水之役决战前，前秦王苻坚派朱序去劝降东晋当朝宰相谢安之弟、前指总指挥——谢石。谁料，朱序却偷偷帮谢石出主意，对付秦军，并且帮助谢石分析战局：“如果秦军百万大军全部集结完毕，那就真难对付了。现在必须趁其未完成集结之机，当即迎头痛击，一旦他的先头部队被打败，那他们的士气就泄了，我们定获全胜。”东晋采纳了朱序的建议。当时两军阵前，苻坚竟臆想以后退诱使晋军渡河，伺机将晋军全歼，遂下令后退。正当此时，朱序在阵中大喊："秦军败了！"谁也不会想到，秦军突然后退和朱序那声大喊，让不明真相的秦军官兵信以为真。是啊，没失败怎么会后退呢？一时秦军大乱，不攻自破。

三国时期，魏王曹操有个小儿子曹冲，自幼聪颖。有一次，外国给曹操进贡了一头大象，曹操很想知道这大象有多重，遍问群臣无人能对。这时，只有五六岁的曹冲说："我有办法！"只见曹冲先让人把大象赶到船上，在船舷吃水线处刻标记，再把大象从船上赶走，再向船上装石块，等到船舷的吃水线与承载大象时的吃水线重合时他就开始称船上石块的重量，船上所载石块的重量正好与大象的重量相等。曹操和文武百官都惊叹不已。这样机智的神童，无独有偶。北宋司马光七岁的时候，和小伙伴在自家后花园玩耍，其中一孩子不慎跌进大水缸。眼看小朋友被缸水淹没，其他孩子都吓得四处逃散，只见司马光急中生智，捡起一块大石头，"咣"的一声击破水缸。一瞬间，水泄而童出。

孩提时代就表现出超人智慧的司马光，成年之后更加富有智慧。他是宋仁宗宝元元年（1038 年）进士，学识渊博，尤精于史。神宗任用王安石变法，作为保守派的司马光主动提出编写《资治通鉴》，并将该书作为太子教材。后来，太子继位，即哲宗皇帝，立即任命司马光为宰相。即使他不担任宰相，哲宗也是按照他的理念来治国理政。因为，他把自己的政治理念都写入书中，潜移默化到哲宗的思想和行为中了。他的成功是他特有的智慧成就的。

常言说，清官难断家务事。明朝有位著名官员张瀚却智断了一起纠缠多年的家务案。他出任大明府知府，下车伊始就遇到一起棘手的案子：当地有户财主之家兄弟二人为了家产，打了十多年官司，府县官员反复审理，始终没有头绪，在此过程中兄弟二人相互攻讦，愈演愈烈……张瀚当堂将兄弟二人呵斥一番，然后将兄弟二人同锁一枷，打入牢房，不予理睬。半月之后，再行提审，兄弟二人痛哭流涕。自兄弟互告反目十多年，早已恩断义绝。不料这半月之内，同牢卧起，同枷行止，却冰释前嫌，和好如初。兄弟争相撤诉，并指天发誓永不争执。张瀚当堂宣布，既不互告，还是兄弟，并将兄弟二人立即无罪释放。张知府就这样，机智地运用亲情来成功破解这个多年疑案。后来，他官至大理寺卿（相当于今最高人民检察院检察长）、刑部侍郎等职。他的这种独特的断案机智也为他赢得了“张青天”的美誉。

回望千年历史，智早已从哲学家的理论中走到中华民族历史的伟大实践，从历史人物个人的佳话美谈演进成了整个民族的一种道德追求。在中国历史的各个时期，智为中华民族的文明、发展和进步发挥着重要的作用。我们坚信，在实现中华民族伟大复兴的中国梦的征程上，智将依然是一种强大的精神动力，为我们提供强大的文化。

天地立信传千古

在中国第一部纪传体通史《史记》中，记载了一位行侠仗义的英雄——季布。在秦朝乱世，楚地有一位叫季布的人，特别重信义，只要是他答应的事，无论有多大困难，都设法办到，受到天下人的敬重。因此，赢得了“得黄金百斤，不如得季布一诺”的美誉（语出《史记·季布栾布列传》）。“诺”，原本是秦汉时期，答应别人时的口语，后来又有了承诺的意思。季布说话算数，讲求信用，言而有信，言出必行，说到做到。这种信用，比百斤黄金都贵重。这既是千古美谈，更是中华民族的传统道德规范之一——信。

中国古代最伟大的圣人孔子，提出“人而无信，不知其可也”“主忠信”“言必信，行必果”……最早从哲学层面上对信进行论述。他认为“信”是处理人际关系最重要、最基本的伦理原则，甚至将“信”与“义”相提并论，奉为儒家核心思想。他指出“信”自己守信、取信于人，最终要推广到取信于民。《孟子·滕文公上》：“圣人有忧之，使契为司徒，教以人伦，父子有亲，君臣有义，夫妇有别，长幼有叙，朋友有信”，孟子对信有了新的哲学发展。

在历史发展过程中，信很快超越儒家的思想范畴。周显王二十三年、秦孝公十三年（前356年）起，法家的代表人物——商鞅在秦国实行变法。他变法的主要内容是“废井田、开阡陌，实行郡县制，奖励耕织和战斗，实行连坐之法”。然而，在新法推行之初，整个秦国竟然无人相信。商鞅派人在国都集市南门竖立一根木头，并通告：“谁能将此木搬到集市北门，立即奖赏十金。”当场仍然没人相信，他把奖金增加五倍。于是，有个老实人抱着试试看的心态，扛起木头走到集市北门，果然得到奖赏五十金。由此变法取信于民，史称“徙木立信”。1400多年后的北宋改革家王安石，也对商鞅以百金立信的做法倍加推崇。

战国时期，燕昭王在大乱之后即位，决心振兴燕国。周赧王三年、燕昭王三年（前312年），思贤若渴的燕昭王去拜访了一位名士郭隗。他对燕昭王讲了一个故事：从前有一位国君，不惜千两黄金派人去买千里马。手下人竟然花了五百两黄金，为他买回了一堆死马尸骸，国君大怒：“我派你去买千里马，谁叫你买死骨？”手下人回答：“大王息怒，我们连死马骨都肯花五百两黄金买来，这件事情传出去，天下的千里马难道不会蜂拥而来？”果然，不久就有人送来了好多匹千里马……燕昭王听罢此话，立即令人为郭隗修建了气派的府邸，并且专门建造豪华的黄金台。不久，乐毅、邹衍、剧辛等天下贤能之人纷纷从各国闻风而来，投奔燕昭王。在这些贤能的辅佐下，燕国短短几年就强盛起来，打败齐国报仇雪恨。燕昭王正是用这种千金买骨的诚信，感召了大批贤能。

孔子有位著名的弟子曾子，是儒家主要代表人物。曾子的妻子急着去集市上买东西，儿子哭着也要跟着去。曾妻就对儿子说：

“你赶紧回家吧，你爸在家杀猪，给你吃猪肉。”曾妻赶集回家，只见丈夫曾子捉猪要杀。她就阻止说：“我只是哄哄孩子罢了，你还当真啊。”曾子说：“夫人，不能开这种玩笑啊！父母是孩子的第一任老师。我们现在欺骗他，就是教孩子骗人！母亲欺骗儿子，儿子就不再相信自己的母亲了，这不是教育孩子的正确方法啊。”于是就真的把猪杀给儿子吃肉。“曾子杀彘”的故事家喻户晓，生动地阐明了父母一旦有所承诺，就一定要守信兑现的道理。曾子用自己的行动教育孩子要言而有信。他也因为诚信等重要思想，被后世奉为与孔子并列的“宗圣”。

战国四大公子之一的齐相孟尝君，以门客众多而著称于世。他有个叫冯谖的门客最为出名。孟尝君曾下发通告，询问全体门客：“谁做过财务会计，可以为我到封地薛收赋税和债务？”冯谖就在通报上署名并写下：“能。”于是，他就收拾车辆行李，拉上债务凭证券准备启程。辞行时，他问孟尝君：“收完债，返程时买什么东西？”孟尝君随便答复：“你看我家里缺什么就买什么吧。”冯谖快马加鞭，到达薛地，让地方官吏召集应还债的百姓，都来对账。核对完所有账目后，他谎称孟尝君命令：免除了所有人的债务，并且把账本和借据全部当场烧毁了，在场的百姓对孟尝君感恩戴德地高喊“万岁！”冯谖立即返回齐都，次日大早求见孟尝君，汇报收债买东西的经过。他说：“我看您府中除了信义都不缺，就买了回来。”孟尝君纳闷：“信义怎么买？”他就把谎称君命免债、烧券、民称万岁的事说了一番。孟尝君很不高兴。不久，孟尝君被罢相离开齐都，只好到薛地避难，离得老远就看到薛地百姓扶老携幼夹道欢迎他。此时，孟尝君才懂得冯谖为自己买回的信义有多么重要。

张骞首通西域，有一个重要的原因就是他在出使西域的过程中，在各国树立起了很高的威信，为大汉帝国营造出诚实守信的友好交往环境。汉武帝建元二年（前138年），张骞应朝廷征召出使西域。他出陇西，经匈奴，被俘。后逃脱，西行至大宛，经康居、大月氏，至大夏，在此活动一年多才返回。回归时，张骞改从南道，又为匈奴所获，被关押了一年多。元朔三年（前126年），张骞乘机逃回汉朝，向汉武帝详细报告了西域的情况，武帝授以太中大夫。第二次完成使命，从西域凯旋，虽然张骞不久就去世了，但他开通西域通道的历史贡献不可磨灭，"然骞凿空……诸后使者皆称博望侯，以为质于外国，外国由是信之"（《汉书张骞传》）。因张骞在出使过程中，在西域诸国树立起很高的威信，后来汉所遣使者多借用他的名义才能获得西域各国的信任。

唐德宗建中二年（781年），85岁的汾阳王郭子仪寿终正寝。《资治通鉴》评价这位大唐王朝的再造者："功盖天下而主不疑，位极人臣而众不疾，穷奢极欲而人不非之""富贵寿考，哀荣终始"，能如此功德圆满，得皇帝信任最为重要。大历十年（775年），他奏请任命一名州县级官员，却没有得到批复。部下对此议论纷纷："以郭令公的功德和威望，任命一个小官都不准，宰相们也太不给面子了！"他就语重心长地对大家说："安史之乱以来，各地军阀多飞扬跋扈，只要有所求，朝廷往往委曲求全地答应。这正是朝廷对他们不放心啊！现在我奏请皇帝认为不妥就不批准，这表明皇帝不仅没有把我看成那伙割据一方的军阀，而且特别信任。"大伙听后都十分叹服。通过他这番解释，既消除了部将对朝廷的怨恨，又增进了内部团结。他位高权重却从不越雷池半步。他身系天下安危近三十年，先后行使尚书令的职权长达 24 年，唐代宗坚持一生都不称呼郭子仪的名讳，每次都敬称他为“大臣”，德宗皇帝登极后更尊称他为“尚父”。代宗广德二年（764 年），皇帝任命郭子仪兼任尚书令。他上表说：“自从太宗皇帝曾经当过这个官职，后世朝廷都不设这个职位，近年皇太子也曾经做这个官职，这可真不是微臣我所适合担当的重任啊！”诚恳地坚辞不受。他正是这样用自己的实际行动赢得历代皇帝的信任。

“良史”与“秽史”

贞观十六年（642 年），唐太宗想看看记录自己言行的《起居注》，却遭到掌管者褚遂良的严词拒绝。太宗连忙问：“我有过失也记吗？”褚遂良斩钉截铁地说：“臣职当载笔，不敢不记！”另一个史官刘洎接着说，假如褚遂良不记录，“天下亦皆记之”。贞观十七年（643 年），唐太宗看到关于玄武门之变的记录“语多微文”，就对宰相监修国史的房玄龄说：“我当年发动玄武门事变是为了安社稷，利百姓。史官干吗要隐讳呢！”立即命令，“削去浮词，直书其事”。也正是因为唐太宗这种尊重历史的精神，在他的时代不仅完成了中国二十四史中的“八史”，而且开创了中国历史上的光辉灿烂的“贞观之治”的盛世局面。

公元前 607 年，晋灵公昏庸无道，正卿赵盾经常劝谏，他不但没有改正，还要杀赵盾。赵盾只得逃到外地。当他逃出国都，听说族弟赵穿在桃园宴会上杀死灵公，于是返都，另立晋成公。赵盾继续做正卿，主持国政。晋国史官董狐在史册上赫然记下“赵盾弑其君”，并高悬于朝堂之上。赵盾连忙解释，自己与弑君事件无关。董狐严厉批驳：“你官居正卿，出逃没有离开国境，还都更没有查办凶手，所以要承担弑君的罪名。”赵盾虽仰天长叹自己被冤枉，但对董狐没有丝毫加害。孔子称赞道：“董狐，古之良史也，书法不隐。”史称“董狐直笔”，同时称赞赵盾是“良大夫”。

史官前仆后继，以生命来捍卫历史的尊严。公元前548年，齐国的权臣崔杼杀了齐庄公，立齐景公，自己做了国相。齐太史在史册上记载：“崔杼弑其君。”崔杼杀了这位太史。因为太史之职是家传世袭，被杀太史的两个弟弟先后继任太史还是这样写，都被杀了。太史的第三个弟弟仍然这样写，崔杼终于折服，而没有再杀他。有个名叫南史的史官听说太史兄弟相继因直书被崔杼杀害，自己就决心用生命捍卫史册的真实。他紧握写着“崔杼弑其君”的木简前往朝堂，途中得知第四任太史的真实记录已经得到朝廷公认，才中途返回。《左传·襄公二十五年》记载了齐史官“身膏斧钺”的事迹，南史和太史们不畏强暴、秉笔直书的壮举，成为后世史官的典范。

久负盛名的《三国志》，与《史记》《汉书》《后汉书》并称为“前四史”，共同开创中国正史的先河，成为后世史册的典范。作者陈寿“善叙事，有良史之才”，备受后世青睐。然金无足赤，人无完人。陈寿以立传为由向当事人子弟索贿的史实也被载入史册，他的良史之材和笔下史册也因之有了瑕疵。《晋书·陈寿传》记载：丁仪、丁廙兄弟两个是魏朝鼎鼎大名的人物，陈寿在作《三国志》时曾对其子弟说：“可觅千斛米见与，当为尊公作佳传。”人家没有给他送米，陈寿也因此没有给丁仪、丁廙二人立传，给原本可以更加完美的千秋史册留下缺憾。后世还评说陈寿，在著史之中公报私仇。陈寿父亲当年给马谡作参军，马谡为诸葛亮所诛，陈寿父亲

“亦坐被髡”，诸葛亮的儿子诸葛瞻早年曾小看过陈寿。因此，陈寿在著史中：“谓亮将略非长，无应敌之才；言瞻惟工书，名过其实。议者以此少之。”史家认为也是有失公允。

北齐天保五年（554年），“二十四史”中最烂的一部——《魏书》完稿。书稿一经问世，朝野哗然，都骂是部“秽史”。三年前，身居中书令兼著作郎的魏收正式受命撰《魏书》。此时，他就骂街：“什么东西敢和我过不去，我‘举之则使上天，按之则使入地’。”可见狂妄至极。完稿后，众口喧嚷，指为“秽史”，尽管他动用了自己手中中书令的权力，还借用了皇帝极权，以“谤史”罪对批评“秽史”的人横加暴行，“然时人终不服”。至于这部“秽史”几经修改才发行于世，据传作者魏收甚至在死后被掘墓抛尸。这都是后话。魏收机警能文，号称“北地三才子”之一，但生性轻浮，人称“惊蛱蝶”。他是个轻浮的“才子”，所处的是荒唐的时代，才抛出这部臭名昭著的“秽史”。

唐太宗大度开明尊重历史，赵盾为法受恶以成良史，董狐不曲私阿世秉笔直书，历代明君、贤相、良史们共同造就的直笔信史光照千秋。同样，崔杼、魏收之流，暴君、奸相和“才子”们共同炮制出的曲笔“秽史”，也遗臭万年。千秋史册，千秋功罪。南史冒死继书“身膏斧钺”，陈寿念一时之贪成千古之恨，魏收乘一己之快留千古骂名。修史、为官、做人，从中都可以有所感悟。

汤斌为何能“从祀孔庙”

清朝康熙年间，一名男子春风得意地求见江苏巡抚汤斌。此人本是个誊录馆监生，竟然在吏部考试中得选江苏常熟县尉的肥缺。人逢喜事精神爽，赴任之际，此人循例去进见江苏省最高长官，谁知却连续吃了十次闭门羹。此人实在莫名其妙，就向巡抚衙门的门卫打听缘由。门卫答复：“你就别去赴任了，你因贪钱之过已被巡抚大人写入弹章（通报批评）。”此人更觉得蹊跷，就申辩道：“我尚未赴任怎能贪钱，何劳巡抚大人弹劾呢，肯定是搞错了。”门卫继续说：“你还记得某年在京城一家书肆打听你大名的老者吗？那正是我家巡抚汤大人。”此人闻听，羞愧得面红耳赤，只得悻悻弃官而去。

原来，汤斌有一次在北京延寿寺外的一家书店购书，见有少年买了一本《吕氏春秋》，付钱时不慎将一文铜钱掉落在地上。旁边一人若无其事地移步将铜钱踩住，等少年走后，四顾无人，迅即捡起纳入自己囊中。暗室亏心，神目如电。这一幕正巧被汤斌看在眼中。汤斌上前，主动打听此人尊姓大名。此人见老者询问，也就自报家门，汤斌闻听后，嘿然而去。

这个誊录馆的监生做梦也想不到自己撞上了眼里不容沙子的汤斌。

汤斌生于明朝天启七年（1627 年），河南睢州（今河南睢县）人，是实践程朱理学的倡导者，为官清正廉明，体恤民瘼，弊绝风清，政绩斐然，完美地实现了理学传统的学习和实践，被尊为“理学名臣”。汤斌学贯经史子集，在理学方面成就很高。《清史稿》称赞汤斌深追二程之学，而且并不排斥王阳明，堪称清代理学家中的集大成者。汤斌理学的经典著作《洛学编》，是一部梳理洛学师承的学术传记。该书《前编》从西汉开篇，《正编》则从二程记起。全书记述了从汉初至明末 1800 多年洛学的渊源流变。作者作此书“表前贤以励后进”，想使洛学传承发扬光大。汤斌明确提出“朱王合一，返归本旨”，提倡“主敬”“存天理”等思想。

汤斌一生的道德学问都贯彻在他的政治实践中，施政行事一贯坚持严格的道德标准，对人对己都严格要求，留下很多传颂至今的廉洁故事。

顺治十二年（1655 年），汤斌出任陕西潼关道员。新官上任之际，他买了三头骡子，主仆各骑一头，另一头驮着两套破旧被褥，一个竹书箱。他涉足官场之初，先后在陕西潼关道和江西岭北道任职，生活非常俭朴，粗茶淡饭，习以为常，在百姓中口碑很好。每日三餐都是汤，少有荤腥，百姓称其“三汤道台”。汤斌在陕西潼关道任上，为了防止军队扰乱地方，亲自到境上接待过往部队，百姓得以安居乐业。治下潼关人口数量在他上任一年多时间，由不足三百户增至数千户。“汤青天”的美名在所治全道家喻户晓。康熙时，汤斌出任江苏巡抚，虽然位高权重，又出镇天下首富之省，但他仍然生活俭朴，因餐餐都有一道豆腐做的菜，巡抚驻地苏州百姓称他“豆腐汤”。

汤斌升任礼部尚书后，仍然保持艰苦朴素的习惯，冬天上朝时总是外披一件破羊皮袄御寒。在当时凡进士人皆衣貂的年代，尚书的破羊皮袄竟然成为大清官场的一道独特风景，汤斌因此博得“羊裘尚书”的美誉。他不仅对自己要求严格，对家属子女也是同样。夫人马氏身着多年的旧棉衣，经常转身都有棉絮从袄边散落。一次，他检查自己家的生活开销流水账，发现有人买过一只鸡，便雷霆大怒，问道：“谁竟然买鸡吃？”得知是长子汤溥所为，汤斌更为震怒，责令其在大庭广众之中跪诵《朱子家训》，还怒斥道：“你以为苏州鸡价如河南老家农村那样便宜吗？你既然想吃鸡，就滚回老家去吃。天下读书人断无不嚼菜根而能成功者！”

康熙二十六年（1687 年），“理学名臣”汤斌在工部尚书任上病逝，家财唯有俸银八两，竟然不足入殓之费，友人徐乾学赠赙仪二十两才得以入土。雍正十年（1732 年），入祀贤良祠；乾隆元年（1736 年），谥号文正；道光三年（1823 年），从祀孔庙。终清之世以名臣从祀孔子庙者唯汤斌等三人而已。“桐城学派”鼻祖、当朝“布衣宰相”方苞盛赞：“国朝语名臣，必首推睢州汤公。”

“飞将军”缘何而败

“飞将军”李广是汉代名将。他的军事才能举世无双，生平战功显赫。他仗义疏财，关爱士兵，体恤百姓。但就是这样一位杰出的将军，不但没有封侯，竟然兵败身亡。品读史册，透过作者司马迁对他太多的情感关照，我们能看到“飞将军”的致命“软肋”。

军人以服从命令为天职，而身为将领的李广竟然拒不服从军令。武帝元狩四年（前 119 年），汉军与匈奴在漠北决战。李广被武帝任命为前将军，随大军出征。大将军卫青得知匈奴单于的下落，决定亲自率军正面袭击，而命李广部从东路策应。但是李广很想作为先锋正面出击，当场就不情愿地说：“我是前将军，为何现在大将军派我从东路策应？何况我从未成年就和匈奴打仗，现在好不容易有这次机会碰到单于，我想从正面出击，和单于决一死战！”他怎么也想不到这是皇帝临行前的最终安排，于是就强硬地拒绝调遣。卫青命令长史下达命令，要求李广赶快回自己部队执行军令。李广愤然而起，竟然不和卫青打个招呼就拂袖而去。甚至到最后，卫青追查李广部队因迷路失期之罪时，李广竟不屑于面对“刀笔之吏”，遂“引刀自刭”。从这些方面，人们不难看出，李广没有把服从命令作为对自己的起码要求。

军队必须有铁的纪律，为将者要特别注意严明军纪。李广的军队却军纪松弛，组织涣散。诚然，为将者的人格魅力固不可少，司马迁也用了“其身正，不令而行；其身不正，虽令不从”这句古话来表扬李广的人格魅力，但仅有人格魅力是远远不够的。如果没有严明的军纪，那领军者就不算是称职的将军。虽然李广爱兵，士兵都喜欢跟随李广赴汤蹈火，可是他的部队没有组织纪律，行军时不成行列，打仗时没有阵形，在水草丰茂的地方宿营，全体将士各行其是，就连最简单的打更巡逻这种警戒自卫措施也不采取，他的指挥部也很少下发文书。和李广共事多年的程不识将军曾说：“如果李广军队突然遭遇到匈奴进攻，根本无法抵挡。”可见，李广军队的纪律松弛到什么地步。

领导者必须有宽阔的胸怀，团结一切可以团结的力量，才可能受到部属的拥护，群众的爱戴，才可能获得战争胜利。然而李广却心胸狭窄，不能容人。他赋闲期间，一次到乡间饮酒导致晚归，行至霸陵时，已经闭关。随从就对霸陵尉喊话：“前任的李将军到此，赶快开关放行!”霸陵尉说：“就是现任将军夜里都不得通过，何况是前任将军!”李广只得露宿霸陵城下。不久，匈奴入侵辽西。武帝急召李广，封他为右北平太守。李广随即请求武帝，准许派遣霸陵尉和自己同行。刚到军中，李广就把霸陵尉杀了，然后向皇帝上疏谢罪。这件事从一个侧面反映出李广心胸的狭窄。李广睚眦必报，也失去很多兵心和民心。

李广历侍三帝，身居高官四十年，身经百战，屡建奇功，威名远扬，然而不仅没有封侯，最终还落得兵败身死的可悲下场，除了社会制度等客观原因，就其主观而言，不服从命令，军纪不严，心胸狭窄，等等，都注定了他人生的悲剧结局。

司马光如何做到诚心自然天下敬信

北宋哲宗元祐元年（1086 年）九月初一，著名历史学家、政治家——尚书左仆射兼门下侍郎（当朝宰相）司马光病逝，终年 68 岁，朝廷追封其为太师、温国公，谥号文正，并赐碑“忠清粹德”。如此崇高的哀荣在两宋之际几乎无人可及。成千上万的百姓去他家吊唁，有人甚至卖掉自己的衣服购买祭品前往祭奠，乘车路过的人也要停车在他家的巷口哭祭一番才肯离去。据宋人历史笔记《渑水燕谈录》记载：司马光去世后，开封百姓纷纷刻画他的遗像，每家都敬奉一幅，以至于有的画工因此而发家致富。

纵览史册，司马光之所以深入人心，正是由于他的诚心——对国家的忠诚、对百姓的热爱。正如《宋史》对他的评价：“诚心自然，天下敬信。”在他的老家陕州（今河南省三门峡市陕州区）及其著书十多年的洛阳一带，如果谁做了坏事，人们就会批评他：“难道你就不怕司马光先生知道吗？”

宋仁宗宝元元年（1038 年），司马光荣登进士第，历官政绩卓著。宋神宗时，他留守西京 15 年，主持编纂了中国历史上第一部编年体通史——《资治通鉴》。司马光历侍仁宗、英宗、神宗、哲宗四朝，为人温良谦恭、刚正不阿，做事著史刻苦勤奋，以“日力不足，继之以夜”著称于世。他的人格魅力堪称典范，深受后世景仰。

司马光深感朝廷的信任和国家的重托，决心以身报国。他为相历官，不分昼夜地操劳大小事务（“欲以身殉社稷，躬亲庶务，不舍昼夜”）。同僚和部属看到他操劳过度而体力衰弱，就用诸葛亮食少事烦以身殉职的事例劝诫他。他却更加努力工作，以致病情日益加重，弥留之际昏迷不醒，嘴里喃喃而语的，还是国家的大事。

元祐元年（1086 年），司马光再次发病后，自觉不久于人世。他不是为自己的生命而惋惜，而是为国家发出哀叹：“国家四大隐患未除，我死了也无法闭眼啊。”他在给吕公著的遗书中写道：“我现在将生命交给医生，把家事交给儿子，唯有国家大事无法托付，现在只有拜托给您了。”他对国家的赤诚之心连敌国都深受感动。当时，辽和西夏的使者来访时，必先打听司马光的起居规律和身体状况。辽、夏两国的皇帝告诫边将：宋朝的宰相是鼎鼎大名的司马光啊，你们千万不能引发事端，挑起和宋朝的边境冲突。

司马光操劳国事，却不贪图回报。嘉祐八年（1063 年）三月，朝廷诏赐司马光价值百万钱的金玉珍宝和丝绸。司马光三次上疏谢绝。他在奏章中写道：现在国家内忧外患，各地经济都很困难，不能再实行过去的重奖政策了。朝廷没有批准，司马光就把珠玉宝货换成钱，作为谏院的办公经费，自己坚决不收纳。

司马光历官近 40 年，为相多年，位极人臣，从不私取分文，并不是因为富有，而是因为廉洁。司马光在夫人病逝后，竟然穷得无钱安葬，最终只能把家中三顷薄田抵押出去，才购置棺木入殓夫人。司马光年老体弱时，其友刘贤良想花钱为他买一名婢女供他使唤，司马光却婉言谢绝："我活了几十年，吃饭不敢经常有肉，穿衣不敢用纯丝绸，而且时常身穿粗葛衣，怎么敢使唤花钱买来的女婢？"

司马光严格要求自己和家人，并不是不讲人情。他在洛阳任职期间，每次回老家祭奠祖坟，肯定要拜望哥哥司马旦。每次见到这位年近80岁的老哥哥，他就像尊重父亲一样敬重哥哥，像保护自己的孩子一样呵护哥哥。司马光自我评价：我平生没有什么作为，只不过从来没有不可对人说的事情罢了。

在深受朝廷尊崇的同时，司马光也受到广大百姓的爱戴（"公之功德为民所爱"）。宋人王辟之在笔记中记载：熙宁末年，作者夜宿青州北淄河驿站，早晨醒来，只见山野村民上百人欢呼雀跃，自南向北而来。作者诧异地问：出什么事了？村民奔走相告："听说司马光出任宰相了！"苏东坡当年也作诗记录这一史实："儿童诵君实，走卒知司马。"神宗驾崩，司马光从洛阳回到开封，宫廷卫士从远处看见司马光后，以手加额："真是司马相公回来了啊！"老百姓看见后，都拦住去路，高喊："司马相公不要再回洛阳了，您就留在京城辅佐天子，造福百姓吧！"

史书评价："司马温公忠厚正直，出于天性，终始一节，故得天下之望。"因此，他被历史奉为与孔子、孟子并列的"儒家三圣"之一。吕公著对比"三圣"："孔子上圣，子路犹谓之迂。孟轲大贤，时人亦谓之迂阔。况光岂免此名。大抵虑事深远，则近于迂矣。"

“表里洞然”话张栻

南宋孝宗淳熙七年（1180年）3月22日，年仅四十八岁的儒学宗师张栻英年早逝。《宋史》本传评价：“栻为人表里洞然。”他虽出身名门，又历宦官场，在《宋史》中却没有与父亲张浚、弟弟张杓同载于列传第一百二十，而是与朱熹并列于列传一百八十八《道学三》，可见，他的主要成就在于哲学。张栻是南轩学派的创始人。他逝后61年即南宋理宗淳祐元年（1241年），朝廷颁诏：奉请张栻从祀孔庙。张栻与朱熹、吕祖谦齐名，时称“东南三贤”。

“学莫先于义利之辨”是张栻的座右铭，也是他毕生致知力行的准则。他疾恶如仇，严惩贪腐。孝宗时，他改任知江陵府。在当时贪污公行、官场盘根错节的情况下，他一日之内罢免并惩处了十四个贪官污吏，江陵官场风气为之一清。他在江陵肃贪抚民，治下百姓安居乐业。就连对南宋虎视眈眈的金国君臣听到他的政绩都赞叹：“南朝有人！”

张栻出任地方官，用孔圣人的名言来教化百姓。他把用儒家思想来净化风俗、让百姓接受伦理和纲纪作为自己为官的首务。历史笔记《庶斋老学丛谈》记载：张栻出巡静江府（今广西桂林），途经一个叫羊楼桥的小镇，在一家小饭馆吃饭，见随从手执访客的名片站在身旁，就准备立刻接待访客。随从报告：访客留下名片就走了。他便让人立即去请访客来见。因为是个小镇，只有几户店家，一会就请回来了。这几位访客虽然都是衣衫褴褛，但言谈举止颇有风度。张栻和他们亲切交谈，并勉励其好好读书。访客离开后，一名随行官员埋怨："像这样的人不接见有什么损失！"他则解释说："荒郊野外的小镇上能有这两三个人物，实属不易。他们以儒生的名义，在镇上求见官员，若见不上，肯定会被镇上的人嘲笑。所以，我把他们请来相见，也勉励他们精进学业。"

在勤奋治学方面，张栻更是一代宗师。他的父亲是南宋著名的开国元勋、"中兴四将"之一的张浚。张栻是长子，深得父母疼爱。他从小接受到良好的家庭教育熏陶，耳濡目染的都是仁义忠孝等儒家经典故事。

绍兴七年（1137 年），张浚罢官，以散官闲职分司西京永州（今湖南零陵）赋闲。绍兴八年（1138 年）二月，六岁的张栻随父至永州居住。从此，张栻在家接受父亲亲自教授的孔子的忠孝仁义课程。绍兴二十九年（1159 年），张栻辑录孔子大弟子颜渊的言行，作《希颜录》上、下篇，期以颜渊为榜样，探索孔子之道。当年，他写信向在衡山传授程颢、程颐之学的"五峰先生"胡宏求教。绍兴三十一年（1161 年），张栻赴衡山拜胡宏为师。

张栻师从胡宏，潜心研习孔子仁义之旨和"二程"理学，学业有了长足的进步。胡宏曾给友人写信表扬张栻："真是天下英才。他胸中有浩然正气，每日自强不息。孔圣人的学派后继有人了！"从师从胡宏，到胡宏去世，不足一年的时间，却对张栻理学思想的形成起了重要作用。

隆兴二年（1164年），张浚逝世，张栻扶父灵柩归葬潭州（今湖南长沙），行至豫章（今江西南昌），大儒朱熹登舟哭祭。自豫章至丰城（今江西丰城），朱熹与张栻在舟中作了三日长谈。这是两位理学大家的第二次会面。朱熹回忆这次三日长谈时赞扬张栻："天资聪颖，对理学的要义认识很深刻。"

乾道三年（1167年），三十五岁的张栻主持岳麓、城南两书院。朱熹率弟子来到长沙，与张栻展开学术辩论"会友讲学"。这是张朱第三次会面。这次会面，两人讨论了理学许多重大理论问题，学者云集，盛况空前，史称"潭州嘉会"。在此两个月时间，两人相约讲学于岳麓、城南书院，传为千古佳话。黄宗羲评价说："湖南一派，在当时为最盛。"

在黄宗羲看来，可以与朱熹进行学术交流的仅有吕祖谦、陆九渊和张栻三人，然而吕的学说文字冗长，陆的学说则过于简略。只有张栻的文章理论恰如其分，因而深受朱熹佩服。

贰　修身养性

从“终南捷径”看另类仕途

唐睿宗景云二年（711年），皇帝征召天台山道士司马承祯进宫求教，并想封赏他做官。但是司马先生却执意返回道观，睿宗皇帝无可奈何，只好放他归隐山林。时任尚书左丞的卢藏用在为他送行时，指着长安城南的终南山对司马先生说：“这座山里就有很好的隐居之处，为何一定要返回天台山啊！”司马承祯回答说：“以我看来，你指的乃是通往仕途的捷径罢了！”卢藏用听罢无地自容。因为他曾经“隐居”终南，不久被武则天征为左拾遗，旋至吏部侍郎、黄门侍郎、修文馆学士等职。这就是被文人讥讽千年的“终南捷径”的典故。

我们先看卢藏用是如何选定“终南捷径”的。他为什么要先“隐居”终南山，后“隐居”嵩山？因为唐代是两京制度，大唐帝国拥有长安和洛阳两座都城。终南山和嵩山地理上都在这两座都城之南不足百里之遥，都是当时闻名全国的名山胜景，也是当时皇帝和权贵们的度假村。因此，卢藏用就选准这两山的政治优势进行最为独特的“隐居”，而且像候鸟一样，紧紧跟随着皇帝圣驾迁徙于长安、洛阳两京之间，不停奔波于终南、嵩山两山之上，时人称为

“随驾隐士”。

再看，卢藏用又是如何“隐居”的呢？《新唐书》《旧唐书》均有记载：“趑趄诡佞，专事权贵，奢靡淫纵。”唐玄宗登极后，卢藏用因为曾经依附太平公主而被治罪，流放岭南。众所周知，太平公主是高宗李治和武则天的女儿，特别热衷于政治。当朝七个宰相中有五个出自她的门下，几任皇帝都怕她三分，可谓权倾天下。她生活放荡，男宠、相好数不胜数，上至王公宰相，下至僧道艺人无所不有。史册上只说卢藏用“托附太平公主”，后人解读时认定，卢藏用正是太平公主的男宠之一。这样，我们就不难理解为什么他能如此平步青云。

其实，卢藏用也不是一个一无是处的人。卢氏是范阳大姓，他有个堂爷爷是前朝支度尚书卢承庆。他少时以文辞才学著称一时，很年轻就中了进士，与陈子昂等诗坛大家交往甚厚，精通书法琴棋，当时称为“多能之士”。朋友陈子昂、赵贞固去世后，他一直帮助抚养他们的遗孤，被人们称赞为“能终始交”。长安年间（701—704 年），武则天将在万安山修建兴泰宫，身为左拾遗的他就仗义执言，上疏进谏。唐中宗神龙年间（705—707 年），已升为中书舍人的卢藏用多次纠正和驳回“伪官”，并且写《析滞论》对当时庸俗的世风进行尖锐的批评。

我们不禁要反思，像卢藏用这样一个人，既继承了很好的家学，又接受过良好的教育，还才气过人，在许多事情上也是重情守义，为什么会一步步沦为当权者的追随者、吹捧者，以至性奴？除了他自己没有很好地坚持操守、追名逐利等内因，更多的是因为当时不合理的社会制度和腐败堕落的世风，使得一个原本可以用道德文章留名于史的人才，沦落为被世人鄙夷嘲讽的对象！

从马谡之死说空谈误国

公元228年，在魏蜀战争最关键的决战中，蜀军因痛失战略要地街亭而致主力“进无所据”全线败退。蜀军街亭守将马谡，擅自违反军令，用兵无方，“舍水上山，不下据城”。敌将张郃乘机切断马谡部队的饮用水道，然后发起攻击，马谡大败，蜀军痛失街亭，只得全部撤回汉中。蜀军主帅诸葛亮在挥泪斩马谡时，霎时记起先帝当年的告诫：“马谡言过其实。”因为马谡是公认的“才器过人，好论军计”，诸葛亮一直很器重他，谁知他打起仗来一败涂地，与纸上空谈的赵括一样啊！

三国时期，天下大乱，各方枭雄都想荡平乱局，一统天下。他们争夺的目标全是地盘，手段都是招贤纳士。当时人才市场鱼龙混杂，招纳人才的标准也是五花八门。唯独曹操推出“唯才是举”的用人原则。实践证明，曹操能统一北方，在很大程度上得益于他“唯才是举”的用人政策。他要求的“才”是真才实干，是针对东汉后期以来官场“流行病”——空谈之风而提出的。空谈者不仅误国，而且也会给自身招来大祸。

汉献帝初平年间，黄巾军入侵经济和军事实力都很强的青州，以兵力众多和装备精良而称雄的青州军，每次老远看到黄巾军就吓得逃之夭夭，自始至终都没有和黄巾军正式交过手。当人们看到青州刺史焦和，就不难理解这个怪现象了。“入见其人，清谈干云，出观其政，赏罚淆乱，州遂萧条，悉为丘墟。”不久，焦和忧惧而死，青州终为人所夺。

汉献帝建安元年（196 年），袁绍之子袁谭率军攻打北海郡，从春天一直打到夏天，北海郡全部军队打得只剩下几百人了，箭头在头顶纵横交织，北海郡的太守孔融，“犹隐几读书，谈笑自若”。当夜城陷，孔融只身逃往东山，老婆孩子都被袁谭所虏。回头再看看这位孔太守，《后汉书》里这么记载：“负其高气，志在靖难，而才疏意广，迄无成功。高谈清教，盈溢官曹，辞气温雅，可玩而诵，论事考实，难可悉行。”

汉献帝建安十九年（214 年），当成都即将被刘备大军攻破时，原刘璋所封的蜀郡太守许靖谋划独自偷偷翻越城墙投降。刘备也因此看不起这位许靖。刘备谋士法正曾说：“天下有获虚誉而无其实者，许靖是也！”这又是怎么回事呢？

原来，早在汉灵帝中平元年（184 年），曹操还没有成名时，太尉桥玄对他说：“你还没名气，最好先和许劭交上朋友。”这个许劭又是何许人？史称他“好人伦，多所赏识，与从兄靖俱有高名，好共覈论乡党人物，每月辄更其品题，故汝南俗有月旦评焉”。原来，许靖哥俩就是专门评价他人功过是非的专家，每个月的第一日公布评价结果，并且风行一时形成制度，影响了中国古代官场几百年。结果，说别人尽可评头论足，也能头头是道，事到临头自己却晚节不保，说来可笑。

空谈者误身误国，不可不慎。“修身齐家治国平天下”，这是中国古代君子的处世哲学和政治理念。修成实干之身是根本，齐家治国平天下是目标。修身就是既要立言，又要立功，讲求言行一致，不能只尚空谈而要真抓实干。只有实干才能齐家治国平天下。曹操正是注重实干标准选用人才，才得以统一北方，雄踞中原。

丞相丙吉的处世之道

丙吉，字少卿，鲁国人，西汉武、昭、宣帝时代的名臣。他曾做过霍光大将军的长史，类似于现在的秘书长，并且继名臣魏相后辅佐汉宣帝共同开创了“孝宣中兴”。丙吉历官从政、为人处世的智慧有不少值得我们学习借鉴的地方。

善抓关键知大体

关于丙吉，大家熟知的一个典故是“丙吉问牛”。《汉书》记载，丙吉任丞相后，一次外出视察，先碰到一起聚众斗殴的案件，案情十分严重，死者伤者横七竖八躺在大街上。对此，他没说一句话。眼看这位专程视察民情的丞相大人对如此重大的案情视若无睹，随行人员大惑不解。吉丙却若无其事地继续前行，又碰上有人赶着牛，只见那牛喘着粗气并伸着长长的舌头。丙吉立即命令停车，并派随行骑马的官员去追问：“你赶着牛走多远了？”随行官员认为丙吉对前后两件事的处置均失其当，还有人故意讥讽他。丙吉对他们说：“行人斗殴，长安令和京兆尹处理即可，等到年终岁尾，丞相只考核他们的履职情况，上奏皇上作出赏罚，这样就可以了。

作为丞相，关心的应是国家大事。现在初春季节，气温刚刚回暖，不该出现高温天气，我担心牛走路不多而中暑所以喘气，这是气候出现异常的征兆，恐怕会发生什么灾害。三公负责调和阴阳，消灾除祸、防洪抗旱，这正是我作为丞相的职责所系，所以我会问牛。”随行官员听罢佩服得五体投地，都说丙吉不仅善于调查研究，更善于抓住关键，正所谓“知大体”。

我们在看到丙吉“知大体”的时候，也应该思考丙吉为什么能“知大体”。这里面有两个问题。一是丙吉为什么要“问牛”？为什么别人看到牛喘不会去问，而他却可以这样做呢？这里，需要的是能够见微知著，透过现象看本质的能力，能够认识到看似不相干的事物之间的内在联系，把牛喘和天气异常联系起来。二是丙吉为什么“问牛”而不“问人”？这涉及工作职责的问题。在实际工作中，每个人都有自己的分位，有自己的职责。进入角色，首先要认清自己的工作职责，并在自己职责的范围内行事，不可越俎代庖。

顾全大局从大义

汉武帝征和二年（前91年），太子刘据（宣帝的祖父）因巫蛊之祸自杀，丙吉受命进驻郡邸狱查办巫蛊案。此时，汉宣帝刚出生几个月，因是太子的孙子而牵连入狱。丙吉心知太子“谋反”是莫须有之罪，因此特别同情皇曾孙并命人精心照管。丙吉办理巫蛊案，就连续数年不结案。

后元二年（前87年），弥留之际的汉武帝听人报告：“长安狱中有天子气。”武帝立即派使者到各处传诏，凡京城长安在押人犯，不管罪行轻重一律处斩。当晚，武帝派来的内谒者令郭穰来到关押皇曾孙的监狱门前，却吃了丙吉的闭门羹。丙吉义正词严地说："皇曾孙就在这里，任何人无辜被杀都不行，何况是当今天子的嫡亲曾孙！"丙吉坚守一夜到天明，始终不让郭穰进门。于是，郭穰回去向武帝报告，并弹劾丙吉。汉武帝恍然大悟："这是天意啊！"于是大赦天下。丙吉的义举不仅解救了皇曾孙一人，而且保护了整个监狱关押的所有人的性命。

孟子讲"威武不能屈"，丙吉正是为了道义而不顾个人得失安危，不退避。在儒家思想中，义利之辨是一个重要的话题，所谓"君子喻于义，小人喻于利"。利即是一己之私利，义即是公理道义，也可以说是天下之公利。为道义不惧个人之得失，这正是儒家知识分子精神品质的体现。丙吉顾全大局，出于道义而解救皇曾孙，进而激醒了汉武帝，解救了其他人的性命。这正是大义，也是天下之大利。秘书工作者作为领导的参谋助手，也应当坚持原则，坚守道义，顾全大局，不能为个人之得失而放弃原则。

为人仁厚能宽容

丙吉出身狱法小吏，但学习儒家经典，深明大义。官居相位后，更是提倡宽容仁厚，尊崇礼义谦让。

丙吉为人稳重忠厚，从不向人夸耀。他曾呵护并拥立宣帝，对此却从来只字不提，以致朝廷上下竟然没几个人知道。后来，宣帝知道丙吉对自己的恩德后，下诏封他为博阳侯，食邑一千三百户。丙吉却上疏谢绝，说自己不能凭虚誉受封显爵。

丙吉很有容人之量。一次，他主管车驾的驭吏，也就是现在的司机，随同丙吉外出，喝醉后竟然吐到丙吉的车驾上。主管驭吏的西曹主吏报告丙吉，要将那人弃逐，丙吉却替驭吏求情："如果因为这点过失被开除，这让他今后在何处容身？西曹权且容忍他这次吧，再说他不过就弄脏了车上的坐垫罢了。"于是就留下了这个驭吏。驭吏深受感动。这位驭吏是边郡人，一次，他察觉并获悉边界有警情，就立即报告丙吉："恐怕要有外敌入侵边郡，边郡二千石一级的长吏中若有年老病弱受不住兵马灾难的，可以预先看顾。"丙吉认为此话很对，便让东曹，也就是丞相幕府的官员去察看边郡长吏资料。还未察看完，汉宣帝就下诏召见丞相、御史大夫，询问他们敌人入侵边郡长吏的情况，丙吉一一回答，而御史大夫则因仓促不能详细作答。为此，丙吉受到皇帝表扬："时刻不忘边疆忧患。"对此，丙吉感慨地说："部下没有不可容的，他们各有所长。假如我不事先听到驭吏的话，怎么会得到皇帝表彰奖励啊。"部下从此也更加信服丙吉。明清之际思想家王夫之在其史论《读通鉴论》中，盛赞丙吉的"量"，并将其间接地归结为宣帝时代大汉振兴的一个重要原因。当然，从现在的眼光看，"酒驾"不罚，丙吉似乎过于纵容属下了。但在当时的历史条件下，官员有如此敦厚的德行，能够宽容下属过失，听进下属建言，是非常难能可贵的。

《论语》有言："知者不惑，仁者不忧，勇者不惧。"《中庸》将其称为"三达德"。丙吉在艰险面前不迷惑，在功劳面前不忧戚，在威武面前不畏惧，也正是体现了这三种精神品质。这样的德行和品格也正是我们需要学习和培养的。

宰相的“真”与“假”

延载元年（694 年）深秋，武太后见到宫中梨树开花就采了一枝，带到朝堂上给宰相们看，宰相们都恭贺说这是祥瑞之兆。只有杜景俭提出反对意见：“现在是深秋季节，草木凋零，而这时候梨树反而开花，这是阴阳失调，气象异常，这是我们宰相的过错导致的啊。”说罢连忙跪拜谢罪。武太后大为感动地说：“卿真宰相也！”

中国历史上从秦统一六国至清代，共有宰相 1551 人，但能被称作“真宰相”者却寥若晨星。宰相（丞相）是中国古代最高行政长官的通称。“宰”的意思是主宰，周朝有执掌国政的太宰，官员的通称。“相”本为相礼之人，字义有辅佐之意。中国历史上，只有辽代以宰相作为正式官名，其他各代所指官名与职权皆不尽相同，而且名目繁多。自古宰相都是皇王股肱、国之干城、社稷栋梁……这些人臣之极的百官之首，都经过严格考察、任命，根本不可能弄虚作假，哪有真伪之分，此“真”又从何说起？

“真宰相”的特质，有的是在任表现出来的，有的是离任后别人从心底认可的，还有的是早年就表现出来的。北宋宰相范仲淹幼年丧父，过着“划粥割齑”的艰苦生活，仍然坚持学业，后来官至参知政事（相当于宰相），虽然出身穷苦，但他从小就以天下为己任。他让相士给自己看相，并问人家说："我将来能做宰相吗？"相士看了一眼说："不能。"范仲淹又问："我能做一个好医生吗？"相士感到惊讶，反问他："为什么你的第一个目标那么高贵，而第二个目标又如此卑下呢？"范仲淹解释道："只有从事这两种职业，才能拯救万民。"相士立即对他刮目相看，十分赞赏："仁心如此，真宰相也！"

宰相也得有十分宽广的胸怀。汉武帝逝世，顾命首辅霍光奉昭帝即位。昭帝年仅8岁，国家政事完全取决于霍光。有一天夜间，宫中突然发生怪异现象，闹得群臣惊惶不安。霍光恐有不测，立即把尚符玺郎叫来，向其索玉玺想由自己保管确保无虞。不料尚符玺郎不肯交出玉玺。霍光心里一急，便要硬夺。那郎官手按佩剑，对霍光大喊："宁可让你杀死我，也不能把它交出去！"霍光当即对尚符玺郎的做法表示赞许，第二天就以皇帝的名义，将这个郎官提升了两级。

北宋仁宗时，宰相刘沆当政时，他家族中有人拖欠赋税达几十万钱。历任地方官都因为是刘丞相族人而不敢过问。有个叫程珦的人到该县任职，负责征收赋税，就把刘沆那个拖欠赋税的族人逮捕收监，责令他家如数上缴全部欠赋。族人报告刘沆，知情后他就自责："拖欠赋税，原是我家人犯了法，怎么可以叫地方官徇情而不照国家法令办事呢？"就立即写信给程珦道歉。后来，程珦退休后到京师，受到宰相刘沆的热情接待。时人都纷纷赞誉："刘沆的伟量，不是他人能及的，是真宰相啊！"

宰相必须先抓天下大事。汉宣帝时的宰相丙吉，一次外出巡察，正好遇到有人在马路上打群架，被打死者的遗体和伤者都躺在路边。他却不闻不问，继续向前走，又碰到有人追牛。见那头牛吐着舌头喘气，他马上停下来询问。部下大惑不解，丙吉回答道："我向为丞相是国家的最高官员，理应关注国家大事。行人斗殴是普通刑事案件，有京兆尹等地方官处理即可，无须丞相亲自受理。现在是春天，那牛好像因为天太热而喘息，这说明天气不太正常，农事势必会受到影响。我作为丞相必须得关注并且要采取措施。"

宰相要有极高的风范。北宋宰相范质，经历五代到北宋六朝，五朝为官，两朝宰相。他从未接受馈赠礼品，常将自己的俸禄和朝廷赏赐分给困难群众。在家和奴婢吃一样的伙食。后来，他卧病在床，宋太祖赵匡胤派宫人去探望，宫人回来禀告太祖，说范质家里食具都不够用，也没有什么像样的物件。太祖就赐给他摆放水果的小桌和酒器，有一次亲自到他家劝说他："卿为宰相，何必自苦如此?"范质回答说："在家喝酒的都是我的贫贱之交，因此用不了多少酒器。如今我习以为常，不是我买不起。"临终前，他特意告诫儿子说："我死后不要向朝廷请谥号，不要刻墓碑，丧事从简。"身后家中没有多财。宋太祖痛悼不已，经常表扬他说："范质只有住宅，不置产业，是个真正的宰相啊!"

乾隆朝名臣刘统勋，逝后也被皇帝褒为"真宰相"。有天深夜，有人带有厚礼来访。门人告知刘统勋后，刘统勋深知其中之奥妙，因而拒不会客。第二天一早，刘统勋来到办公厅，派人叫来昨夜造访者，批评说："昏夜叩门，贤者不为。汝有何禀告，可众前言之，虽老夫过失，亦可箴规也。"刘统勋拒贿的做法，颇受世人的称赞，认为他既不失节，也不失礼，实有古大臣之风。乾隆三十八年

(1773年）十一月，刘统勋病逝在上朝途中。乾隆皇帝亲往吊唁，见他生前陋室寒舍，生活清苦，禁不住感叹道："刘统勋不愧为真宰相，朕失一股肱也。"乾隆特赐其太子太傅，谥号"文正"，入祀贤良祠，以资褒奖。

"真宰相"既不是一个正式的职务，也无须任何正式任命，更没有具体的标准，只是人们对名副其实的宰相的一种认可。宰相是百官之首，天下万民自然要用最高的标准来衡量他。为宰相者，在志向气度、眼光才干、胆略胸怀等各方面能够达到与其职务相适应的理想状态是否能被天下认可，这种认可虚实相映却大象无形。由此看来，为官者拥有一个正式官职并不难，因为它只需一纸任命状，难在名副其实，难在被人从心底认可。

卢承庆为何三改评语

唐初名臣卢承庆在一次主持官员考核时，遇到一名主管漕运粮草的官员，因遇大风将船队所运粮草漂没殆尽。卢承庆当堂就给他下了评语："监运损粮，考中下（考核九等中的第六等级，不及格）。"这位官员听后毫不动容，连一句申辩都没有。卢承庆很佩服他对待考核的态度，就下了新的评语："非力所及，考中中（考核中的第五等级，及格）。"那人听后依然泰然自若。卢承庆更欣赏此人的风度，马上将评语改为："宠辱不惊，考中上（考核中的第四等级）。"从主考官卢承庆，到被考核的官员，以及相关的人员，我们能看到他们都有难能可贵之处，细细品味会给我们许多有益的启示。

从卢承庆身上，我们发现考核者的公正无私。就政绩而言，作为漕粮监运官员，无论什么原因，将粮草全部损失，其本人肯定有责任。然而作为主考官，卢承庆却能发现过失者的长处，看到其对待上级考核评价的心态十分平和。他作为主考官设身处地为被考核官员着想：这场漂没漕粮的大风在当时的科学技术条件下是天灾，具有不可预见性、不可抗拒性……别说是这个被考的官员，换了自己遇到这种情况也可能无可奈何。他还能用公正的心对待这位和自己没有任何“关系”的被考者，全面、公开、公正地审视被考者，独具慧眼发现过失者身上难得的闪光点。卢承庆三改评语，既无一己之私，也不是逞一时之快，而是站在全局，以特有的长者风范、人文关怀，保护爱护干部，更凝聚了人心。

从被考者身上，我们发现难得的平和泰然。这位被考者心怀“雷霆雨露皆系天恩”的心态，在主考官给自己打了低分时，既没有怨天尤人，也不作任何辩解。此刻，也许他在想，自己失职理应被定为不及格。在主考官谅解自己的过失“非力所及”，而将评语由不及格改判为及格时，他却不为所动。也许，他在想这不是主考官法外开恩，而是自己原本就应该这样。既没有对自己仕途这一戏剧性转机而喜形于色，也没有对卢承庆这位给他意外收获的福音天使当场致谢。挨批时没有发牢骚，受表扬时也没有沾沾自喜，这又是何等淡定与泰然。

从相关人员身上，我们可以看到宽容与豁达。即使卢承庆和被考者有千好万好，如果与卢承庆一同主持考核的其他官员提出异议，或者与这位被考核者一同应考的其他官员“乱告状”，其结果都不会令人满意。因为他们都有充分的理由提出质疑。可是，他们并没有提出卢承庆“护短”“打高分”的疑问……主观上，他们都胸怀坦荡，大度宽容；客观上，他们成全了这次近乎完美的考核，使得卢承庆能够给出科学、合情合理的考评结论。看似是卢承庆在考核别人，其实他自己也在接受考核；看似只有这一位官员接受考核，实际上所有相关人员都在接受这场特殊的考核。

这一场考核，平实简单，却波澜起伏。主考官卢承庆好像是率性而为，再三改变被考者的评语，其本意却是客观公正地评价官员。被考者自始至终宠辱不惊，相关人员无一发难，使得随时都可能引发轩然大波的考核顺利完成。主考官评语的不断改变，是随着对被考者认识的逐步深入而改变的。可见，卢承庆有很高的识才、辨才能力，以及丰富的阅历和经验。同时，也体现了所有参与者都有宽阔的胸怀、超凡的气度以及无私的心地。我们不妨学学卢承庆的考核，让我们考出风格，在考核中提高，在考核中受益，使良好的心态在考核中形成，良好的风气在考核中养成。

从苏武到于什门

汉代苏武出使匈奴被囚北海牧羊十九年不屈节的故事家喻户晓。500年后的十六国、北魏时代有一位使臣——于什门。他不辱使命21年，其感天动地的事迹却鲜为人知。

于什门出生在“五胡乱华”的十六国、北朝时代。他本身应该是汉人，却在鲜卑人建立的政权北魏（建国初期尚未统一北方时）当小官，有趣的是他竟出使一个鲜卑化的汉族地方割据政权——北燕，被出使国囚禁了长达21年（司马光在《资治通鉴》中考证），而《魏书》中记载是24年。作为后人我们很有必要回望于什门，他的可贵之处就是他虽然不具备苏武那么多优势，仅就其被囚时间竟然比苏武还长两年或者五年，就其所遭受的迫害比苏武更严重，但却表现出了与苏武一样高尚的气节。

苏武的事迹不仅以洋洋2748字的大篇幅载入《汉书》，而且两千多年来被世人广为传颂。而于什门的事迹仅以252字（不及苏武传篇幅的十分之一）简短地见载于《魏书·节义列传》。这组列传还是整个《魏书》的第七十五部分。于什门传则被排列在所有二十位节义之首。千秋史册对他有评价，天子皇帝对他有表彰。在节义列传之前有引言（序言），传后有赞语，均给予于什门极高的评价。引言曰："大义重于至闻自日人。慕之者盖希，行之者实寡。至于轻生蹈节，临难如归，杀身成仁，死而无悔，自非耿介苦心之人，郁快激气之士，亦何能若斯。佥列之传，名《节义》云。"而赞语见之于《魏书·于什门等传论》曰："于什门等或临危不挠，视死如归；或赴险如夷，惟义所在。"

北魏延和三年、北燕太兴四年（434年）闰三月十八日，于什门被臣服于北魏的北燕皇帝冯弘送回故国——北魏的首都平城，立即受到北魏太武帝拓跋焘的特殊礼遇，立拜治书御史，并颁布诏书对于什门进行高度的褒奖称赞，把他比作五百年前的苏武，还赐羊千口、帛千匹，又加官晋爵为上大夫。太武帝把于什门的事迹以神策祭告太庙的列祖列宗，并向全国州郡县各级进行发布通告。

可见无论是职业、经历、操守，还是影响，于什门在历史上都是能够与苏武相比的。苏武生活在西汉都城长安近郊的杜陵（西安郊区），是当时世界上最大都会，可谓繁华之地，而于什门却生活在北魏都城平城（大同）六百里开外的代地，应属偏远之地。苏武生活在世界上最强帝国的盛世，而于什门却生活在动荡乱世小国。

于什门生于乱世。苏武生逢盛世，加上父亲的恩荫，兄弟皆为高官（郎），自己在汉武帝时代做外交官，肯定有一个当时世界上最强大的帝国为后盾，如果不出意外，政治上有保障，精神也有依托。况且，苏武于汉武帝天汉元年（前100年）奉命以"中郎将"持节出使匈奴时，还率领了一个阵容庞大的外交使团：他和副中郎将张胜、代理副手常惠等官员，还招募卫队和工作人员共百余人随团出使匈奴。而于什门生于五胡乱华之世，为一个少数民族割据的地方政权出使另一个与之争雄的割据政权，其处境尴尬不言而喻，前途凶险也可想而知。再者，史书上并无他带有随员的记录，极可能是单枪匹马出使北燕。

于什门没有显赫的门第。苏武出身名门世家，其父苏建曾是武帝时代名将、大官，随大将军卫青出征匈奴，因功封平陵侯，后以将军身份建造朔方城，死于代郡太守职任。他因此兼恩父荫，应该算是“官二代”，与兄苏嘉、弟苏贤皆官拜郎中，后升任移中厩监。郎官在汉代是皇帝的侍从护卫，都是在贵族子弟中选拔的，经此历练都会被委以重任。出使时，苏武已经成为中郎将。西汉分五官、左、右三中郎署，各置中郎将以统领禁军，属光禄勋。汉代平时一般武官所能获得的最高官职为中郎将，品秩为“比二千石”，掌管皇家卫队。可见，苏武是何等位高权重。然而，史册中却没有关于于什门门第的任何记载，仅有“于简，字什门，代人也。太宗时为谒者”。战国时始置谒者，秦属光禄勋。西汉沿置，掌傧赞受事，共有员额70人。东汉时，掌朝会傧赞，百官班次，奉诏出使。北魏设谒者台，谒者仆射，为谒者台的主官，属官为谒者。只是一个地方割据政权的低级属官。史册上苏武形象丰满，而于什门则寥寥数笔，但丝毫无损于什门的大义凛然的气节。

与苏武比起来，于什门没有那么强大的使团、没有那么高的品级，也没有那么强大的国家作后盾。可这丝毫不影响他履行使命的完美。他到北燕的首都龙和城外先住下不进城，派人给北燕的文成皇帝冯跋通报：“大魏皇帝派我来下达诏书，必须由冯国主（并不称冯跋为皇帝）出城奉迎接受，我才敢入城。”北燕皇帝冯跋就派人强迫着把他拖进城。于什门见了冯跋也不参拜，作为皇帝的冯跋命令手下强按着于什门的脖子想让他低头。于什门坚持说："姓冯的国主（冯跋）如能下拜接受大魏皇帝的诏书，作为使者我自然会以宾主之礼向你致敬，何必如此强迫苦逼啊？"在和冯跋的多次交锋中，于什门都声色俱厉，大义凛然，始终坚持不屈不挠。于什门在人群中转身背对冯跋，并且把裤子的后裆部披在身上来羞辱冯跋。于什门多次当众羞辱冯跋，北燕官员请求皇帝杀了于什门，冯跋反而欣赏地说："彼各为其主耳。"于是就把于什门关押起来，总想劝降他，而于什门始终不降。不久，他全身衣冠全部破烂无遗，虱子和虮子等各种寄生虫长满了全身。冯跋送来衣物，于什门仍然拒不接受……虽然，史书没有更多的记载，但我们可想而知，于什门被囚北燕的 21 年间，像苏武一样"卧啮雪与旃毛并咽之""掘野鼠去草实而食之"可能都会时常经历。

历史的轨迹往往惊人的相似。苏武被流放北海牧羊 19 年后，借助鸿雁传书的美妙传说回到故国家乡。更有甚者，于什门从北魏神瑞元年（414 年）八月十四日负北魏明元帝给北燕传达诏书的使命起，到北魏延和三年、北燕太兴四年（434 年）闰三月（十八日），北燕昭成皇帝冯弘派尚书高颙上表北魏朝廷请罪，愿意作为北魏藩属国，并请求把自己的小女儿献给北魏太武帝。太武帝拓跋焘允许，征召北燕的太子冯王仁到平城入朝。也就是这次，北燕昭成皇帝送魏使者于什门还平城。于什门才得以荣归故国首都。他出使北燕被囚，前后历时 21 年，世事沧桑，人世变幻，就连当日被北魏元明帝同时派遣出使的另一个使者悦力延（出使柔然）都湮没于史海烟云之中，而于什门却依然彪炳千秋，确实发人深省，值得深思。

于什门荣归故国之时，北魏太武帝称“以比苏武”。由此，可以遥想西汉始元六年（前 81 年）苏武荣归阔别 19 年的故国家乡长安，又是何等盛况呢？汉昭帝下诏，请苏武以太牢之礼致祭武帝陵园，任命苏武为典属国（对内掌管少数民族事务，对外负责外交的长官)，按照朝廷九卿级别发中两千石的俸禄待遇，赐钱二百万，赐给公家的田产二百亩和一座府邸。苏武去世后，汉宣帝将其列为麒麟阁十一功臣之一，彰显其节操。跟随他出使返回的九人中的常惠、徐圣、赵终根三人都拜为中郎，赐帛各二百匹，其余六人都因年纪大而荣归家乡奉养，每人赐钱十万，并免除他们终身的赋税和劳役。常惠后至右将军，封列侯，在汉书中还有单独的列传。“武留匈奴凡十九岁，始以强壮出，及还，须发尽白。”于什门的幸运和遭遇也由此可想而知。

于什门在历史上还有可以参照的坐标：在他出使北燕前 16 年即公元 398 年，北魏道武帝拓跋珪改国号为“魏”，迁都平城（今山西大同)；于什门返回故国 5 年之后，即北魏太延五年、南朝宋元嘉十六年（439 年)，北魏太武帝拓跋焘统一北方，中国历史由此进入南北朝时期。

奢华嫁妆与宰相之死

唐懿宗咸通十年（869 年），已被贬为端州（今广东肇庆）司马的原宰相杨收被永远流放到驩州（今越南境内），很快又被赐死。他死之后，懿宗“令使者剔取结喉三寸以进，验其必死”。不仅杨收本人，就连他的十多个同僚和下属，也因他的罪状而被永远流放到岭南蛮荒之地。当人们为曾经显赫一时的杨收惋惜的同时，却不禁佩服他的亲家——尚书右丞（官阶正四品下，尚书省长官的副职助手）裴坦。原来，裴坦的儿子曾迎娶时任宰相杨收的千金为妻，杨收为女儿置办了特别奢华的嫁妆，每件器物上都用金玉宝石和犀角加以精美装饰。作为亲家的裴坦看到后，不以为喜，反而大怒，呵斥道：“送这些东西难道要让我家破人亡吗?”立即命令家人把这批奢华的嫁妆当众销毁。正因如此，在杨收后来获罪后，裴坦不受株连。

杨收幼年丧父，后来科举入仕之后，平步青云。他最大的毛病就是“率爱奢侈”。咸通年间，崔安潜因为高尚的品德享誉天下。身为当朝宰相的杨收想通过拜他为师，来提高自己在官场的威望。几经交涉，崔安潜终于答应赴杨府宴会。崔安潜如约来到杨府，只见厅堂馆舍装修得富丽堂皇，宴会上的侍女，都清一色的双鬟发型，佩戴珠翠所做的首饰。宴席上的美味佳肴尽是山珍海味之中的极品。更令人叹为观止的是，宴席桌前放置了一尊香炉，散发出的烟雾竟然呈现出海市蜃楼的奇异景观。此外，宴会厅散发出一股奇异的香气，并不是发自香炉和佩戴首饰的侍女。崔安潜感到特别奇怪，不时循着香气四处张望，却没有找到香气到底从何而来。杨收令人从宴会厅东边阁内的镂金桌案上，拿过来一只白色犀角盘给崔安潜看，只见盘中盛着一只漆彩的圆球状物品。杨收说道："这是罽宾国进献来的香料。"崔安潜非常震惊，心想："难道这就是《太宗实录》上说的罽宾国向唐太宗进献的拘物头花吗？它散发的香气在方圆几里之内都可以闻到。"正当他疑惑不解之际，又听杨收的门人说："杨相爷每天下朝回府后，时常把玩一尊和田籽料玉制的婆罗门子，有好几寸大小，晶莹剔透，制作巧夺天工，造型特别可爱。这可是于阗国王宫内库的镇国之物。"

如此奢侈的生活，必然要有非常的物质来源。杨收随着官位日高，越来越狂妄自大。自己喜欢摆阔气、讲排场，就连他的门客弟子、胥吏僚属、家奴仆童都狗仗人势，凭着主子的权势胡作非为。当初为了当宰相，杨收竟然想方设法巴结讨好最得皇帝宠信的中尉（禁军统领，晚唐"四贵"之一）杨玄价，两人根据各自不同的需求走到一起。杨收给杨玄价巨额的感情投资，杨玄价则在皇帝面前美言，终于帮助杨收登上了梦寐以求的相位。杨收通过杨玄价的关系当上宰相，杨玄价必然要求得到相应的回报。杨玄价通过控制杨收，大肆向天下索取贿赂数千笔，却让杨收来买单替人办事。杨收对杨玄价的操纵实在忍无可忍，杨玄价却埋怨杨收辜负自己的栽培。于是，杨玄价到处诋毁杨收，甚至揭发杨收贪污腐败。

成也萧何，败也萧何。当了五年宰相的杨收终于被提携自己的“恩人”杨玄价拉下相位，贬为宣歙观察使。此时，贪污受贿已经习以为常的杨收虽然官位贬低了，但贪腐的做派却没有多大改变，一年之内，竟然先“留公藏钱（贪污挪用公款）七百万”，后又收受部下江西观察使严撰买官钱上百万。因此，再度遭贬为端州司马。赴任前，手下专门置办了豪华大船准备送杨收赴端州。奢华成性的杨收害怕乘大船招摇，噤若寒蝉，于是说：“我现在是因罪贬官，怎敢再用这样的大船?”只好搭乘小舢板上任。然而，为时已晚，他改用小船的做作只是徒劳无益，于事无补了。

昔日权倾天下的杨收，被“仰药切喉”以赐死。当年跟随他享尽荣华富贵的 11 个人，此时也因他流放至死，万劫不复。唯有杨收的亲家裴坦却能独善其身，令人慨叹。裴坦之所以令人叹服，不是因为他的幸运，而是他对奢华嫁妆的远见卓识。裴坦历官中外，忍辱负重，终能位极人臣，加官拜相（“召为中书侍郎、同中书门下平章事”）。《新唐书》总结了他成功的原因：坦性简俭，世清其概。这正是他与亲家杨收成败的根本所在。

一份奢华嫁妆，终使亲家杨收从宰相到死囚；也因为这嫁妆，使裴坦从尚书右丞到宰相。而决定他们命运成败的关键，是各自对这份嫁妆截然不同的态度。

薛胄识假

隋文帝开皇初年，陈州有个叫向道力的人，用冒名顶替的作假手段获得高平郡太守的朝廷委任状。这位假太守在赴任的路上，不巧被兖州刺史薛胄碰见。薛胄观察发现，这位赴任“太守”行迹有些异常，想要扣留盘查。他的副手（官职司马）王君馥劝他别管闲事，于是薛胄只好放行。转念一想，薛胄又后悔不该放过此人，立即派出自己手下的主簿快马追赶，并拘禁了这位伪太守向道力。正巧薛胄有位部下叫徐俱罗，对司马王君馥讲述自己的遭遇：“向道力冒充顶替我已经当上太守这么久，刺史薛大人怎么还能怀疑他的假冒行径呢?”原来，徐俱罗曾被朝廷任命为海陵郡守，而在他上任之前此职却早已被这位向道力冒名顶替，至今任期已满，官府和百姓竟没有察觉。王君馥就把徐俱罗的原话转告薛胄，又一再苦苦哀求，请薛胄不要再管这种闲事。刚正不阿的薛胄闻此，怒气冲天，呵斥王君馥：“我已经发觉并且掌握此人假冒他人之名而骗得朝廷官职的重大案情，作为刺史副职的司马，你敢包庇案犯，按照朝廷法律你也应当连坐受刑!”（司马容奸，当连其坐）王君馥被训斥得哑口无言，只好前往逮捕向道力。向道力归案自知罪责难逃，就招供了自己冒名顶替骗取官职之罪。

薛胄甄别案犯，果断将其缉拿归案，并使之主动认罪甘愿受刑。他查办案件都像这样，敢于将不法之徒当众揭穿并且当场拿下。

这位薛胄是何许人也？他字绍玄，河东汾阴（今山西万荣）人，是北周至隋时期的著名政治家。他出身名门世家，父亲薛端，曾任北周的蔡州刺史。薛胄小时候聪明好学，每次阅读新奇的书籍，都能通晓其中深意。他经常感叹某些书籍的编辑、考证和注释者本身就没有领会古代圣贤的深刻思想，动不动就只是用字面意思随意下结论。当时的读书人，都赞美薛胄治学严谨。他性格热情豪爽，从小就树立远大志向，将来要为国家建功立业。

在北周明帝（宇文毓，557 年至 561 年在位）时，他袭承了父亲文城郡公的爵位，一步步地升迁到了上仪同的职位（魏晋之后，将军开府置官属者称开府仪同三司），不久晋升为司金大夫（主管全国矿冶和货币铸造的最高长官），后来又加授开府（享受三公待遇）。隋开皇元年（581 年），隋文帝登基后，他被提拔为鲁州刺史；还未到任，又被任命为检校庐州总管事；不久，又被任命为兖州刺史。上任时，他看到关押数百名犯人的监狱人满为患，于是用十天时间就审结了历年积压的全部案件，监狱顿时为之一空。他处理事情多怀平正宽恕之心，而不是一味苛酷严厉，因此有“平恕”之名。

早先，薛胄在兖州任职时，很注重兴修水利。兖州地势较平坦，有沂、泗两条河流在州城之东汇合，向南流去，竟然出现大面积泛滥区。薛胄到任前，这里经常发生水灾。他下车伊始，就亲自到现场实地勘察地形和水势，开始垒石为堤堰，使原本向南流的河水改道向西流，这样使原来大片被洪水淹没的土地变成良田。薛胄又开通了当地水陆交通，畅通了淮河到东海地区的交通和贸易，深得百姓信赖和爱戴。为了纪念薛胄的恩德，兖州百姓将沟通淮河至东海的运河称为“薛公丰兖渠”（薛胄让兖州百姓得到恩惠所修的河道）。

后来，他又出任郢州刺史，无论在什么地方、什么岗位，“俱有惠政”。此后，又任卫尉卿、大理卿。他执法公正严明，对百姓特别宽厚，因此享有“称职”的美誉。

从匠石运斤说搭档

战国时期，著名的哲学家庄子曾经讲述过这样一个故事，以表达自己对逝去的朋友惠子的深切怀念。故事说，郢地有个人被白石灰泥点溅到了鼻尖，泥点像蚊蝇的翅膀那样既小又薄。他让匠石用斧子削掉这个泥点。只见匠石挥动斧子呼呼作响，小而薄的泥点一下子被彻底清除，而郢人站在原地若无其事，鼻子一点也没有受伤。宋元君知道了这件事，召见匠石说："你为我也这么试试。"匠石说："我确实曾经能够帮别人削掉鼻尖上的小泥点。可是，我的搭档郢人已经死去很久了。现在我再也无法做到了。"庄子说，自从惠子离开了人世，我没有可以匹敌的对手了！我没有可以与之论辩的人了！

从表面上看，运斧斤垩只是匠石一个人的本事，垩涂于郢人之鼻端且若蝇翼。匠石运斤生风，很随意地砍下去，白石灰被削掉而鼻不伤。不难看出这个看似个人的精彩表演，其实是由这两个人的完美组合来完成的，并且在"A 角"郢人逝后，"B 角"匠石对宋元君也道出了自己当时为什么能够成功运斤的个中奥妙。因为在这对组合中，实在无法分出主角和配角。

伯牙是著名的古琴演奏大师，钟子期则是名副其实的弦乐欣赏专家。伯牙可以用琴声精彩绝伦地表现世间万象。无论是伯牙弹奏高山的巍巍，还是演奏流水的潺潺，钟子期总是能心领神会。钟子期死后，伯牙因为再没有人能够听懂自己的弹奏而破琴绝弦，终生不再弹琴。假使伯牙不是一个伟大的音乐家，就不可能演奏出高山流水的乐章；同样，如果钟子期不是一个高超的音乐欣赏家，也不会听出高山流水的韵律。若不是心有灵犀，他们不可能成为音乐史上的知音、现实生活中的挚友。伯牙因钟子期之死而“破琴绝弦，终身不复鼓琴”。缺少听众的演奏不能称为音乐会，没有知音的琴手也不能称为艺术家。

名臣魏征辅佐唐太宗十七年，直言上谏无数，严肃朝纲法纪，为唐太宗开辟“贞观之治”的盛世局面发挥了重要作用。贞观十七年，魏征病逝，太宗亲临吊唁，痛哭失声，发出了“夫以铜为镜，可以正衣冠；以古为镜，可以知兴替；以人为镜，可以明得失。我常保此三镜，以防己过。今魏征殂逝，遂亡一镜矣”的感慨，并命人给魏征画好肖像，高悬于凌烟阁，位在开国二十四功臣之前列。唐太宗以自己宽广的胸怀，为魏征提供了一个直言进谏的政治舞台；魏征用自己的执着和担当，帮太宗开创了一个盛世天下。

每一个人的事业，都需要合作者的支持，每个人的成功总离不开一个好的搭档。匠石与郢人的完美组合，伯牙与钟子期成千古知音，唐太宗与魏征为明君贤臣，都是在反复印证人与人之间的互动与双赢。人与人合作共事，就得像这样碰撞、理解，切磋、磨合，最终成为配合默契、相得益彰的最佳搭档。

选贤用能，大公无私的尧

中国历史上的圣明之君，首推尧。尧以首开“禅让制”而名垂青史。尧是我国原始氏族社会末期杰出的部落首领。他是帝喾的次子，名放勋，初封唐侯，居陶丘，号称“陶唐氏”。相传尧在位 70 年后，禅位舜，又 28 年而逝。

尧治理天下的核心理念是“能明驯德，以亲九族。九族既睦，便章百姓。百姓昭明，合和万国”。即自己以身作则，带领全家和睦，再推广到整个氏族兴旺，部落强大，乃至天下太平。这正是后世中国人所讲的“修身、齐家、治国、平天下”的思想渊源。

尧制定法度，禁止欺诈；设置谏鼓，让平民都能对国家大事发表意见；树立谤木，鼓励百姓批评为政者的过失。他曾语重心长地说：“如果有一个人挨饿，就是我饿了他；如果有一个人受冻，就是我冻了他；如果有一个人获罪，就是我害了他。”尧正是用这种民本思想，无微不至地关心百姓，受到他们的拥戴。他又大力提倡以道德治国，使天下百姓都和睦相处，使天下万国（部落）亲如一家。

尧坚持以“利天下”为标准选择继承人，而并不顾及父子私情。他因此开创了上古时代“禅让制”的先河。经百官举荐，尧经过二十年的精心培养和深入考察，觉得舜可担当大任，就让他代行自己的权力。尧退位直到去世，一直是由舜来代摄。尧在世之时，群臣多有劝他立儿子丹朱为继承人。知子莫如父，尧帝深知丹朱不堪大任。他反复权衡，如果把天下交给舜，则全天下将为此获利，唯丹朱一人不快；如果把天下交给丹朱，则全天下都会因此受害，唯丹朱一人受益。最终，尧诏告天下：“终不以天下之病而利一人。”于是，把帝位传给了舜。

尧在选人用人方面要求十分严格，考察十分缜密。尧在选择继承人的时候，有人给他推荐了当时以孝道而名满天下的小伙子舜。尧说我也有耳闻，但不知道他到底怎么样。官员回奏：舜的父亲是个盲人，母亲去世后，父亲又娶了继室并生子，继母经常陷害舜，父亲知道真相后，要休掉继室。舜却苦苦哀求父亲说，您如果休了继母，弟弟也会失去亲娘，不就和我一样成了没娘的孩子吗？他的一番肺腑之言终于使父亲原谅了继母。此后，舜更加尊敬父亲和继母，并且特别爱护弟弟，使全家和睦相亲。尧大为感动，但他并没有盲目听信，而是以非常慎重的态度对舜进行深入考察，正如他所言：“吾其试哉。”于是，尧把自己两个爱女娥皇和女英同时嫁给舜，并通过女儿来进一步考察舜。

当时，天下发生大洪灾，“汤汤洪水滔天，浩浩怀山襄陵”。尧对此万分忧虑，特别想选择一位治水之人。于是，官员纷纷举荐，有人推荐尧的儿子丹朱，有人推荐共工……好几个人选均被尧否决。尧为了解除水患，召开了部落联盟会议，请各部落首领共商治水大事。尧对大家说：“水灾无情，请大家考虑一下，派谁去治水？”大家共同推荐鲧。尧认为鲧曾违背朝廷之命，破坏部族和睦，不堪重任。一位资深的官员说，鲧那是事出有因，先用用看吧。尧这才勉强同意试用。果然鲧治水九年无功，鲧的儿子禹吸取了父亲治水失败的教训，采取变堵为疏的方法，终于治水成功。在选用鲧治水的问题上，尧一直持保留意见。

尧命羲仲、羲叔、和仲、和叔观测日月星辰的运行规律以制定历法，然后颁行天下，使农业生产有历可循。他们测定出一年春分夏至秋分冬至的具体时刻，确定一年为366天，并采用闰月对此历法的误差进行校正。此举不仅使农耕有时，更使百业俱兴。

尧退位后，仍关注国事，经常巡行天下，做了许多利国利民的事。禅位28年后，尧以百岁高龄逝世，安葬于济阴城阳（今山东鄄城县南）。百姓们听到尧逝世的消息，悲痛万分，就好像失去了自己的亲生父母。此后三年，天下百姓停止了一切娱乐活动，以表达对明君尧帝的哀思。三年丧期结束，代摄国事的舜提出让位给尧的儿子丹朱，而自己避居荒野。但百姓有官司还是请舜审理，各地的民歌还是称颂舜的美德。舜说：“这是天意啊！”于是他返回国都，正式即位，舜的时代开始了。

良将=李广+程不识

《史记·李将军列传》记载着两位声名显赫的名将——李广和程不识，两位同处汉武帝时代，早年与匈奴作战时结果一样。一百多年以后，东汉伏波将军马援曾经评价他们两位："效程不识不得，犹为谨敕之士，所谓刻鹄不成尚类鹜者也；效李广不得，陷为天下轻薄子，所谓画虎不成反类狗者也。"可见，李广、程不识二将虽名震当时，还是有他们并不完美的地方，因此为名将而皆非良将。真正的良将是怎样炼成的呢？

作为良将要具备的必要条件是政治坚定、纪律严明、真情爱兵、指挥得当。在政治和纪律方面，程不识要严谨得多，但却是李广的缺陷；爱兵方面，李广做得很好，程不识则有短板；在指挥作战方面，他们各有所长，当因时而异。

他们二人的资历也基本相同，早年都做过宫廷卫尉，李广是未央卫尉，程不识是长乐卫尉。同时以太守身份在边关指挥军队屯守，都参加过抗击匈奴的战争。在最早与匈奴作战中，李广"未尝遇害"，程不识"然亦未尝遇害"，结果也完全相同。

而他们二人统兵作战的风格却迥然不同。李广在部队行军作战中，部队没有队形和阵形，随便找个水草丰茂的地方驻扎，宿营休息时，官兵各行其是，也没有用兵器进行必要的训练和自我防卫，就连指挥部办事也尽量省略命令文书，只是派出侦察兵进行远距离侦察；程不识则严格管理部队，行军的队形和作战的阵形十分严整，平时实兵对抗训练，军官都是严格遵照典章制度进行管理，部队从来没有空闲和片刻休息。二位的治军，虽然都“未尝遇害”，但他们各自治军统兵的偏差是显而易见的，只是各自的风格不同罢了。

可见，李广和程不识每个人都有特别明显的不足，而自己的这些不足恰恰又是对方的优点。程不识认识到李广的不足：“李广治军如此简单随意，如果遭遇匈奴突袭就没有任何反击的可能；然而士卒都很舒服，都愿意为他卖命。”程不识能准确地看到李广的失误，却对自己带兵之道的偏颇一笔带过：“我军虽烦扰，然虏亦不得犯我。”全然没有想到，可以通过学习对方的优点，来弥补自己的缺点。

《史记》在总结他们得失时指出：匈奴之所以没有偷袭李广，一是害怕他的胆略，二是因为李广能赢得官兵们的爱戴。李广得到赏赐马上就分给部下，饮食和普通士兵一样。他身为二千石高官四十多年，家里没有积攒下多余的财物……他带兵行军，给养断绝时，遇到水源，士卒没有全部喝过，他就不会靠近水；士卒没有全部吃过，他也不尝食物。直到最后，他全部承担了失期之罪，没有连累部属。他自杀后，“广军士大夫一军皆哭。百姓闻之，知与不知，无老壮皆为垂涕”。“及死之日，天下知与不知，皆为尽哀。”李广爱兵堪称楷模。如果说，李广再具有程不识严格管理、训练的优点，那么他一定不会有此惨败、遭此厄运，肯定既是名将更是良将。同样，如果程不识能关爱士兵像李广那样深得兵心，官兵乐为之死，那么，他也会成为一名良将。

从早年有人向景帝进谏怕李广在对匈奴作战中大败，到稍后的“未尝遇害”来看，他不是常胜将军，到后来败绩斑斑……元光六年（前129年），李广因部队伤亡惨重，自己被敌军俘虏，本应处斩，但从轻发落赎为庶人；元狩二年（前121年），在对匈奴作战中“广军几没”；元狩四年（前119年），李广策应汉军主力对匈奴作战时迷道失期，没有按时到达预定地点与主力会合，而自杀……显而易见，李广的这种“未尝遇害”带有极大的偶然性，而最终败逃则是必然的，这正是因为李广没有具备程不识那些优点。

正如马援所言，李广确实在很多地方不及程不识。他以情带兵却无纪律，没有政治观念；他突出自己的个人英雄主义，却不顾部队整体训练和素质；他可以用精锐骑兵创造以少胜多的奇迹，却无法避免全军覆没的结局；他可以成为孤胆英雄，却留下军败身死的遗恨……假如李广能兼备程不识的优点，那么必然会成为千古良将。

三过家门而不入的大禹

禹，姓姒，名文命，史称大禹，他是夏后氏首领、夏朝开国之君，因此又称夏禹。禹是黄帝的玄孙、颛顼的孙子。禹不仅治理了祸害已久的洪灾，发展农业生产，使人民安居乐业，还结束了中国原始社会部落联盟式的社会形态，开创了国家这一全新的社会政治形态。

尧帝时，中原洪水泛滥成灾。尧命令禹的父亲鲧治水，鲧用障水法治水，就是在岸边加高河堤，但洪水水位也同时抬高。禹亲眼看到，父亲治水九年无济于事，最终被杀于羽山。后来，禹被任命为司空，继续负责治水。禹与益、后稷遵照舜治水的命令，把洪泛区分为若干责任区，命令当地诸侯百官征集民夫整治水土。禹吸取父亲治水失败的教训，改堵为疏。禹治水 13 年，三过家门都不入，错过了自己孩子启的出生，但终于把洪水驯服了。人们为表达对禹的感激之情，尊称他为“大禹”（伟大的禹）。东起大海，西止大漠，北及朔方，南达岭南，四海之内皆称颂大禹治水的功德。舜帝也赐给他“玄圭”（一种黑色的上尖下方的玉器），向天下宣告禹治水成功。

禹为了利于治水，更为了便于治理天下，将天下划分为九州。《史记·夏本纪》记载禹“左准绳，右规矩，载四时，以开九州，通九道，陂九泽，度九山”。《尚书·禹贡》对此有比较明确的记载：一是九州的名称，分别是冀州、兖州、青州、徐州、扬州、荆州、豫州、梁州、雍州；二是各州的山川形势、土壤特质、物产分布及相应的贡赋标准等。九州是中国最早的行政区划，也是后世中国行政区划的基本框架，成为历代中国的代称。九州是大禹所划，因而人们也把中国称为“禹域”。

舜将禹选为继承人，他逝世后，禹避居夏地的一个小邑阳城，将帝位让给舜的儿子商均，但天下诸侯都去朝见禹。在诸侯的拥戴下，禹正式即位，国号“夏后”，简称“夏”。

夏建立后，禹在阳城之郊涂山召开诸侯大会。在盛会上，禹不但没有宣扬自己的功德，反而检讨自己的过失。禹身穿礼服，手执玄圭，立于高台，四方诸侯按照自己封地的方向，分东西两行分列，齐向禹稽首行礼。禹在高台上稽首还礼，显得十分谦虚。禹情真意切地说：“我德薄能鲜，不足以服众，召开这次大会，希望得到大家的责备、规劝，使我知过改过。我平治水土，虽有微劳，但时常告诫自己要戒骄戒躁。”他也不忘舜对他的教训，舜曾对他说：“汝惟不矜，天下莫与汝争能；汝惟不伐，天下莫与汝争功。”意思是只要你不自吹自擂，天下就没有人能与你争能；只要你不自夸自大，天下就没有人能与你争功。他接着向诸侯说：“如果我有骄傲自满之处，请大家当面批评，否则就是教我不仁啊！对大家的教诲，我将洗耳恭听。”这次大会，诸侯感受到禹的真诚，打消了各种疑虑，心悦诚服地拥护大禹。

据传涂山大会后，大禹用天下九牧所贡之铜铸成九鼎，以象征九州。鼎因此很自然地成为国家政权的象征，进而成为传国宝器。《墨子·耕注》说九鼎“夏后氏失之，殷人受之；殷人失之，周人受之。夏后、殷、周之相受也，数百岁也”。

九鼎即冀州鼎、兖州鼎、青州鼎、徐州鼎、扬州鼎、荆州鼎、豫州鼎、梁州鼎、雍州鼎。鼎上铸着各州的山川禽兽图像。其中，豫州为中枢之地，豫州鼎为中央大鼎。九鼎集中到夏王朝都城阳城，共同见证大禹成了九州之主，天下从此更加团结一统。九鼎因此成为中华民族大团结、大繁荣的象征。

大禹修订的历法史称“夏历”。夏历是中国传统历法之一。它属于一种阴阳历，平均历月等于一个朔望月，这一点与阴历原则相同，所以有阴历的特点；它又设置闰月以使平均历年为一个回归年，并设置二十四节气以反映季节（太阳直射点的周年运动）的变化特征，所以又有阳历的特色。全世界所有华人地区以及朝鲜半岛、越南等地，至今仍在使用夏历，并以此来推算春节、中秋节、端午节等传统节日的日期。夏历也因此成为华夏儿女一个重要的文化标志。

大禹身边有一位叫皋陶的贤臣。据说他为尧、舜、禹都效力过，被认为是法律的制定者，但他也注重用道德治理国家，强调榜样的作用。他与尧、舜、禹并称为“上古四圣”。《尚书》中有一篇《皋陶谟》，孔子很重视这篇文章，说“《皋陶谟》可以观治”。《皋陶谟》记载了皋陶与禹的一段对话。皋陶与禹讨论如何才能成为像尧那样受人尊敬的圣贤，皋陶说要做到知人善任才行，禹问他如何才能了解一个人，皋陶提出了影响后世深远的“九德说”。他认为判断一个人是否有德，要看其是否宽容而庄重、和柔而坚定、谨慎而恭肃、干练而严谨、虚心而果断、耿直而温驯、平实而清正、坚决而节制、勇敢而仁义。他制定了墨、劓、剕、宫、大辟这“五刑”，同时他也鼓励百姓恪守父义、母慈、兄友、弟恭、子孝这“五教”。禹听了他的这番话后，表示只要按照他说的去做，一定能够取得大功绩。

禹即位十年后，在东巡到会稽时驾崩。禹曾让位给了皋陶，但皋陶没有继任就去世了，最后禹的儿子启继夏朝天子位，中国历史进入了国家的时代。禹在位之时，以尊封尧帝、舜帝之后等制度，有力地维护国家统一、民族团结，宣扬教化，推动了中华民族的文明进步。

复兴商朝的盘庚

盘庚，甲骨文作“般庚”，姓子，名旬。他是商代第 20 位国王，是一位很有作为的商王。据今本《竹书纪年》记载，盘庚在位 28 年。盘庚在商代史上最负盛名的一件事是将首都迁到了殷（今河南安阳），自此由于他的励精图治，终于使衰落已久的商朝出现了复兴的局面。

商朝从第 11 位国王中丁之后，政治动荡，国势衰微。首先是因为王位传承而引发的权力争夺，造成商朝连续九代出现大规模动荡，以致诸侯都不来朝见，史称“九世之乱”。盘庚之父是商王祖丁。祖丁死后，祖丁叔父沃甲的儿子南庚继承王位。南庚死后，祖丁之子、盘庚的哥哥阳甲继承王位。阳甲死后，弟弟盘庚继承王位。与王位传承同样处于动荡之中的还有商朝的都城。从商汤开国至盘庚之前的三百年间，商朝都城迁徙了五次，虽然历经了汤迁亳（今河南商丘），仲丁迁隞（今河南荥阳），河亶甲迁相（今河南内黄），祖乙迁耿（今山西河津），南庚迁奄（今山东曲阜），但是直至盘庚即位，商朝依然没有找到一个稳定的首都。

盘庚继位之初，面对政局混乱、贵族腐化，加之当时的都城奄屡遭水患，他决心迁往祖先商汤故地，复兴祖先的大业。他经过认真考察，发现就在商汤故都亳附近有一个叫“北蒙”的地方，土地肥沃，水草丰茂，林中有百兽，水里有鱼虾，就决定迁都于此。

但是他的决定却遭到久已习惯奢靡生活的贵族的强烈反对。司马迁的《史记》记载：“殷民咨胥皆怨，不欲徙。”面对如此巨大的阻力，他耐心劝说反对迁都的贵族和受其蛊惑的百姓：“当年，我的祖先商汤和你们的祖先并肩战斗，共同灭夏建商，平定天下，如果我们继承他们的遗志，遵循他们的法度，商朝完全可以重振雄风。如果我们舍弃这些，又怎能成就一番德业呢？”

《尚书》比《史记》更完整地记载了盘庚迁殷前所作的动员讲话。他从祖辈情谊入手劝诫反对迁都的贵族，让他们放弃私欲，以国事为重，既而要求他们不能对百姓隐瞒朝廷的旨意，最后以王权为威慑，要求他们必须遵守商王的命令。原本极力反对迁都的人们终于服从了盘庚迁殷的重大战略决策。

盘庚即位后的第三年，他亲率军队，带领商朝王室、贵族和平民，浩浩荡荡地从故都奄出发，西渡黄河迁往新都殷。迁殷之后，盘庚以推行祖先商汤之政的名义进行政治改革，很快使国家政治开明、社会稳定、百姓安居乐业。商朝出现了“殷道复兴”的良好局面，天下的诸侯又纷纷到新都来朝见盘庚，世人都称颂盘庚坚持祖先商汤的德政。此后终商之世，商朝一直定都于此，商朝也因此被称为“殷朝”或者“殷商”。

盘庚迁到殷后曾对百官进行讲话，他要求诸位仔细考虑自己所肩负的责任，他将考察诸位是否真正做到了敬重百姓。他明确宣示了自己的用人原则：“我不会任用贪恋财物的人，我要任用的是那些善于经营民生的人。”最后，盘庚表达了对百官的期望：“希望你们不要聚敛财物，以经营民生为功劳，增进百姓福祉，永远同心同德。”

在盘庚和众人的努力下，殷很快发展成为当时繁华的大都市。关于殷的繁荣，虽然史册没有详细的记载，但自 20 世纪开始的考古发掘，为我们提供了最为生动翔实的证据。据考古报告称，盘庚迁殷的第一个地点应是安阳洹水北岸的洹北商城。这里发现有相当于盘庚、小辛、小乙时代的殷墟文化第一期的宫殿建筑基址、城墙、居民点等遗存。其后，由于洹北商城的宫殿建筑毁于火灾，商王室即迁于洹南小屯。这里有殷墟文化第一期的祭祀场所和随葬青铜器的贵族墓葬等遗存，透露出小屯是盘庚迁殷的第二个地点。正是在小屯发现了甲骨文，开启了商朝历史与早期中华文明研究的新纪元。

盘庚在位 28 年后逝世，其弟小辛继承王位，商朝再度衰败。百姓越发怀念这位使“殷道复兴”的明君盘庚，于是就把他的德政和言行收编成文，著为《盘庚》三篇，以表达永远的怀念之情。

六朝时期士大夫的“潇洒”

孟子曰：“北宫黝之养勇也，不肤桡，不目逃。”苏洵亦曰：“泰山崩乎前而色不变。”这自然是圣贤倡导的理想境界，然而在现实生活中，能够达到这种状态的人真是凤毛麟角。中国书法“晋人潇洒，唐宋超脱，元明清变化……”其实，书法之风应是当时普遍世风的一个具象和缩影。魏晋南北朝时期的士大夫（读书人兼做官者）在生性和人格上，似乎更加鲜明地具有当时书法风格上的“潇洒”之风。

东晋永和十年（354 年），29 岁的隐士王猛来到东晋北伐军在灞上的统帅部，并且见到最高统帅桓温。王猛给桓温纵论当时的天下大事，真有当年诸葛亮答刘备的隆中对那种风采。比诸葛亮更具传奇色彩的是，王猛竟然在大谈天下事的同时，用手从衣襟中不停地抠出虱子来（史册的原文为“扪虱”），并且谈笑自若。桓温不但没反感，反而更加欣赏。这个桓温是何许人啊，他可是东晋的重臣，又是第一个成功北伐直捣关中的一代枭雄。面对这样一位掌管生杀大权、炙手可热的人物，作为一介草民的青年书生王猛竟然能如此放达。当桓温以高官显爵相邀时，王猛却看到桓温无意关中、准备做第二个衣锦还乡的西楚霸王。因此他婉言谢绝，再度归隐华山。四年之后，王猛终于遇到前秦王苻坚，并且帮助他建立了统一北方、雄视天下的不世之功。

东晋咸安二年（372 年），即位不到一年的简文帝就在忧惧中死去，太子司马曜即位，是为孝武帝。宁康元年（373 年）二月，孝武帝登基，皇帝梦破灭的奸雄桓温统兵进京，欲斩杀破坏自己当皇帝的王、谢两大家族以泄私愤。于是，他在建康京郊的新亭摆下鸿门宴，召见谢安和王坦之。当时，人心忧惧，自觉作为砧上鱼肉的宰相王坦之惊恐万状地问谢安敢不敢去。谁知，谢安只是神情坦然地说："晋祚存亡，在此一行。"王坦之只好与谢安一起来到桓温军中。王坦之吓得汗流浃背，衣衫全都湿透了，连笏板也拿反了。谢安却从容不迫落座，神态自若地质问桓温说："我听说有本事的诸侯都在四方边境设防，明公您何必在宴会的帷幕之后埋伏杀手呢？"一句话问得桓温无地自容，一脸尴尬地说："是啊，我这也实属无奈之举啊！"只好挥手撤去了埋伏在幕后的刀斧手，会谈气氛顿时出现转机。一场剑拔弩张的重大危机，被谢安淡然一语，从容化解了。

东晋太元八年（383 年），前秦王苻坚率倾国之兵，直逼东晋，两军将在淝水岸边决一死战。敌军兵临城下，东晋朝野震惊。作为东晋前敌总指挥的谢安依然是那样镇定自若地下棋。部将们找他寻求对策，他竟然闭口不谈军事，却拉着他们下棋。有位棋坛高手叫张玄，棋艺本来远在谢安之上，此时与谢安对弈，却是连输数局。当晋军大捷的战报送达时，谢安正在与客人下棋。他只瞄了一眼捷报，便不动声色地把它扔到一旁，若无其事地继续下棋。全场的人都憋不住问他到底战局如何。谢安这才淡然地说：“没事儿，我们这帮孩子把秦军给打败了。”

王徽之（王羲之的儿子）做车骑将军桓冲（桓温之弟）的骑兵参军，每日四处宴饮。一次，他酩酊大醉，正好被桓冲撞见。桓冲就问他：“你在我部下具体是什么公干？”王徽之说：“经常看见人马牵来牵去，可能是管马的吧。”桓冲接着问：“那么，你到底管多少马啊？”王徽之竟然冒出一句孔夫子的语录对答“不问马”。其实，这个故事原本讲的是马厩着火了，孔子只问人的伤亡情况，而不问马匹如何。桓冲又问：“那你职掌以来，马匹有多少？马死了多少？”王徽之竟又用孔子的一句话作答道：“未知生，焉知死！”然而，这本是孔子的一个哲学命题，原意是说，人在没有了解怎么生的情况下，就没有必要探究死的问题。王徽之以清谈斗机锋的方式，断章取义，作出风马牛不相及的问答，作为他顶头上司的桓冲也无可奈何。如果说，他父亲王羲之当年坦腹东床不失为潇洒的话，儿子王徽之则为过矣！

六朝时期士大夫的这种过度潇洒、散淡的心态，有反有正，让人啼笑皆非，无所适从。这种现象，只有在当时特定的历史文化条件下，才能被人们理解与认同。

郭子仪何以能“功德圆满”

平息“安史之乱”，对于郭子仪来说是一个艰难的过程。部队一直在打仗，但朝廷没有军需补给，军粮供应十分困难。怎么办？郭子仪想出了一个一举多得的妙招。唐代宗大历元年（766 年），身为统帅的郭子仪在营区附近开荒一百亩当起了“农民”，部下将校纷纷以他为榜样，全体将士都自告奋勇地投身到这场轰轰烈烈的“大生产运动”中。当时，部队驻守的河中地区“野无旷土，军有余粮”。这样做至少有四个好处：一是很好地解决了部队军需困难；二是减轻了朝廷和人民的负担；三是密切了官兵关系、树立起了威信；四是为彻底平息战乱奠定了扎实的物质基础。

郭子仪具有极强的政治敏锐性和洞察力。从皇帝对一名新宰相的任命中，他看到朝廷倡导一种新的官场风气和社会风尚。大历十二年（777 年），唐代宗任命杨绾为宰相。杨绾素以清廉简朴著称，对奢侈浪费深恶痛绝。消息传到郭子仪家中，郭子仪正在举行家庭宴会，当场把宴会中唱歌和演奏的人数裁减了五分之四，以响应朝廷新政策的实施。

大历十年（775 年），郭子仪奏请任命一名州县级官员，却没有得到朝廷批复。部下对此议论纷纷："以郭令公的功德和威望，任命一个小官都不准，宰相们也太不给面子了！"郭子仪语重心长地对大家说："安史之乱以来，各地军阀多飞扬跋扈，只要有所求，朝廷往往委曲求全地答应。这正是朝廷对他们不放心之处啊！现在我有奏请，皇帝认为不妥就不批准，这也是皇帝没有把我看成割据一方的军阀，而是特别信任。"大伙听后都十分叹服。通过他这番解释，既消除了部将对朝廷的怨恨，又增进了内部团结。

郭子仪位高权重却从不越雷池半步。他身系天下安危近 30 年，先后行使尚书令的职权长达 24 年，唐代宗一生都不称呼郭子仪的名讳，每次都敬称他为"大臣"，唐德宗登基后更尊称他为"尚父"。代宗广德二年（764 年），皇帝任命郭子仪兼任尚书令。他上表说："自从太宗皇帝曾经当过这个官职，后世朝廷都不设这个职位，近年皇太子也曾经做这个官职，这可真不是微臣我所适合担当的重任啊！"他诚恳地坚辞不受。

在个人荣辱面前，郭子仪坦然面对。他经常以实际行动让谎言不攻自破。奸臣程元振、鱼朝恩等人长期在皇帝面前告他的黑状。从常理上讲，他应该申辩、逃避，事实却恰恰相反。每次朝廷的命令一到，他就立刻上路，从不拖延、辩解。正是因为他的这种从容果断，才使得奸人的诬告、诽谤毫无效果。

在处理与同僚之间的关系问题上，郭子仪经常是以德报怨。郭子仪率军在灵州击破吐蕃时，禁军首领鱼朝恩却派人挖了郭子仪父亲的墓。郭子仪从泾阳班师还朝，朝廷上下都担心他要发动兵变。朝堂之上，郭子仪号啕痛哭："我长期统兵，不能禁止士兵破坏别人的祖坟，现在人家挖了我的祖墓，这是上天对我的惩罚，不能怪罪别人。”鱼朝恩又主动同他讲和，承诺替郭家修缮遭受破坏的祖坟。宰相元载派人告诉郭子仪说：“鱼朝恩要对您下毒手了。”部将在外衣里面穿上甲胄请求跟随郭子仪，被他断然拒绝。他说：“我是国家的大臣，他没有皇命怎么敢害我，若有皇命而来，你们意欲何为？”他只带十多个随从前往约定地点。鱼朝恩见此情形，大惑不解地问：“您怎么才带这么几个人呢？”郭子仪就如实相告。鱼朝恩当时感动得泣不成声：“如果不是您这位长者，别人怎么能不怀疑我呢？”

唐德宗建中二年（781 年），85 岁的汾阳王郭子仪寿终正寝。《资治通鉴》评价这位大唐王朝的再造者：“功盖天下而主不疑，位极人臣而众不疾。”他一生历侍四帝，“天下以其身为安危者殆三十年”，却能如此功德圆满。除了传统观念上的忠诚、勇敢等优秀品质外，他的为人处世之法还有许多是值得后人学习借鉴的。

“钻钱眼”与“自在军”

宋人罗点的历史笔记《武陵闻见录》中记载：南宋时期，有一个人装作精通占卜之术，以铜钱给众人看相，还言称世间之人必然和天上星宿相对应。众人啧啧称奇，纷纷让他占卜。轮到清河郡王张俊时，这人像煞有介事地仔细观察后，说道：“我的观察范围内看不见星，只见张郡王在钱眼里坐着。”殿内哄堂大笑。大家都知道，张俊家财万贯，富可敌国，因此就用“钻钱眼”讥讽他。

这个张俊，曾是战功显赫的大英雄，与岳飞、韩世忠、刘光世并称“中兴四将”。后期，他改弦更张力主“和议”，竟然沦为杀害岳飞的重要帮凶，晚年受封清河郡王。

从一位功绩卓著的将领，最终成为杀害抗金英雄的帮凶，张俊的堕落轨迹似乎匪夷所思。“钻钱眼”的冷笑话，或能让人们理解他堕落的原因。

张俊以其“钻钱眼”的贪婪，大肆兼并土地，占据巨额田产，成为罕见的大土豪，“占田遍天下，而家积巨万”。他家曾经一次捐献给南宋朝廷十万石租米，清单上分别开列了江东和两浙路六个州府所属十个县共计十五个庄园的租米。他家共有良田一百多万亩，每年收租米多达六十万石至百万石，仅此一项就相当于当时最富庶的绍兴府全年财政收入的两倍多。

张俊家中金银堆积如山。为了防止被偷，他命人将那些银子铸成一千两一个的大银球，名叫“没奈何”，意思是小偷即使眼看着，也搬不走它，拿它们没办法。因此，“没奈何”也就成了金钱的别名。

通过奢华酒宴，可以看出张俊生活腐化到什么程度。绍兴二十一年（1151 年）十月，张俊在府中大摆筵席，宴请宋高宗和秦桧。宋高宗在位 36 年，仅参加过两次大臣家宴，一次是秦桧家，再就是张俊家。宋人周密历史笔记《武林旧事》对此有详细记录，光是这个名目就分初坐、再坐、歇坐好几轮。说白了，就是吃饱了，歇会消消食，再接着吃，除此以外更加书画、瓷器、锦帛、珍玩、钱币等。就连随驾官员和禁卫兵士都一应奉上，甚至不到场者也都有奉承。

如此奢华的宴请，张俊目的只有一个，就是攫取更大的利益，贪图更多的荣华富贵。宴会现场即行兑现——除自己以外，弟弟、儿子、孙子、侄子、侄孙共 13 人被皇帝加官晋爵，还有妻妾、弟媳、女儿、儿媳、孙媳、侄媳等人皆加封国夫人、郡夫人等贵妇品级。

主帅如此，部下可知。张俊的“张家军”绰号叫作“花腿军”和“自在军”。他的部队常驻京城临安府，平时养尊处优。有时，张俊把军中身材高大、长相英俊的挑出来，腿上全都刺青，再穿着短衣裤招摇过市，为此博得“花腿军”的绰号；又因为战时不敢抗击敌军，只会骚扰百姓，无法无天，时人呼为“自在军”。

不难理解，张俊为什么会对比自己还小 17 岁的战友痛下杀手，置之死地而后快。他要“钻钱眼”，贪图荣华富贵，只能背信弃义，附和奸相秦桧，更与秦桧狼狈为奸，互为表里，最终将力主抗击金军的岳飞送上“风波亭”。他先是四处散布岳飞通敌谣言，继而买通岳飞部下栽赃，最后和秦桧联手给岳飞捏造“莫须有”的罪名。至此，他终于心满意足，博得主子欢心，为自己换取了更大利益。

最终，他却没有躲过被铸为铁像和秦桧一起跪在岳飞墓前永远谢罪的可耻结局。

安禄山的“将军肚”

“安史之乱”平定的当年——唐代宗大历八年（773 年），魏博节度使田承嗣公然为安禄山、史思明父子建“四圣”祠。穆宗长庆元年七月，卢龙节度张弘靖听说当地人都把安禄山、史思明称“二圣”，就想改变这种风气，于是对“安史”掘墓剖棺，没想到却引发民变，致使河北再度动乱。此时，距“安史之乱”平息已经近 70 年了。可见，安禄山当年在河北还是能得人心的。这位倾覆大唐江山的叛将安禄山，是历史上有名的“将军肚”。他凶狠狡诈，却显得憨态可掬；包藏祸心，却表现得忠诚老实。匪夷所思的是，他虽然大腹便便，却能翩翩起舞。这一切都和他的“将军肚”有关。

唐至德二年（757 年）正月初五，55 岁的大燕雄武皇帝安禄山，已经胖得无法独自穿衣，并且因肥胖引发的目疾几乎使他双目失明。这天一名刺客手持大刀径直入安禄山寝宫，一刀砍入安禄山的大肚子……已经无法辨认相貌的安禄山，只能用手抓住床头帐竿，根据自己判断大喊：“严庄派人行刺！”顷刻间，他的大肚子已经流出了好几斗血。刺客是他贴身的“太监”（阉侍）李猪儿，平日里安禄山因肚子太大，每次穿衣服时需要三四个人帮他腆肚子，最后总要李猪儿用头顶着，大伙才能为安禄山系好腰带。此刻，他的儿子安庆绪和他的中书侍郎严庄，都手执利刃站在门外，看着同伙行刺成功。通过上文所述，加上史书上记载：他中刀“腹已数斗血流出”（1 斗重合今 12.5 市斤等于 6.25 千克），可想安禄山的肚子到底有多大。假如他不是“将军肚”，身体肯定十分矫健；假如他不是“将军肚”，也不会引发目疾。最终还是因为他的“将军肚”使他成了刀下鬼。

安禄山的“将军肚”究竟是什么样子呢？

原本就肥硕的安禄山到了晚年更加肥胖，特别是“腹垂过膝”，自称体重竟然达到三百五十斤（唐 1 斤合今 0.625 斤）。每次上朝，唐玄宗就取笑说：“我正好看到你肚子快要垂到地面上了。”他走路，要用肩膀和胳膊不停地向左右抬托身体，才能挪动脚步。但令人匪夷所思的是，每当玄宗让他跳“胡旋舞”（胡人旋转的舞蹈）时，他却能动作轻快得像风一样翩然如飞（“其疾如风”）。他要乘骑驿马进京，每驿（三十里）中间必须要筑台备他换马（因安禄山在朝中任大夫，因之称为“大夫换马台”），不然驿马就会被他累死。驿站官差专门为安禄山购买骑乘的驿马，要先用五石（1 石合 100 斤）土来考验，能驮动的就出高价买回。再用好料喂饱等待安禄山骑乘，同时还须在坐鞍前再放置一只小鞍，用以托起他的大肚子。

安禄山的“将军肚”里都装了些什么呢？

他奸诈贼盗成性，性格残忍，诡计多端，善于揣摩别人心思，在关键时刻能以灵机逢凶化吉。因精通多种民族语言（“解九蕃语”），在各少数民族之间贸易的互市当差。曾因偷盗羊只被抓获，即将被棒杀之际，他故意向范阳节度使张守珪高喊：“大人您难道不想征服奚、契丹吗？就要杀我这样的壮士！”结果引起张守珪注意，不仅保住性命，而且得到重用。

后来，安禄山到长安，参加朝会经龙尾道时每次都会左顾右盼（即民间所谓狮子回头顾），很长时间才走进大殿。这是凶逆之心开始萌生的征兆。

安禄山生凶逆的特点，被宰相张九龄察觉。张九龄向玄宗报告：“安禄山狼子野心，面有反相，我申请找个罪名将其杀掉，以绝后患。”玄宗怎么也不相信老实憨厚的安禄山会那样，还责怪张九龄：“卿勿误害忠良。”就这样放虎归山了。

安禄山经常设奸计欺骗和汉人交往多的奚、契丹部落首领参加会盟，却在酒中下毒，往往一次就毒害数十人，并砍下其中等级最高者的人头，谎称镇压叛乱首领，送到官府邀功请赏。安禄山在攻占陈留城的战役中，在战车上得到长子安庆宗被杀的消息后，立即命令投降的官兵自相残杀，顷刻间七千人成为自己人的刀下之鬼。眼看着尸积如山，血流成河，还觉怒气未消的安禄山才率军浩浩荡荡地进入陈留城。

安禄山的“将军肚”究竟是如何膨胀的？

朝堂之上，先拜干妈杨贵妃然后才给玄宗见礼，故意说他的民族是“先母后父”，不拜太子则自称，臣蕃“不知太子为何官”。以此，装聋卖傻竟以“憨态”博得玄宗欢心。

天宝十年（751 年），杨国忠升任御史中丞，借着妹妹杨贵妃的裙带关系得到玄宗信任重用。但他每次在宫中遇到安禄山上下台阶，都要恭敬地搀扶。开始，安禄山在李林甫面前很傲慢。李林甫就当着安禄山的面，装作因其他事找和安禄山同为大夫的王鉷。只见王鉷在李林甫面前礼节特别谨慎，安禄山意识到自己不该轻视李林甫，表情马上变得特别恭敬。安禄山遍侮百官，独尊李林甫，“每见虽盛冬，常用汗沾衣”。在李林甫面前，从不敢隐瞒，竟然把李林甫称为“十郎”（十为李的排行，郎是唐代奴仆对主人的尊称）。安禄山回到范阳后，每当他派到长安的部将刘骆谷回来，肯定要问：“十郎何言？”如果听到李林甫的美言就特别高兴，一旦听李林甫说：“语安大夫，须好检校！”他就气急败坏地反手据床叫苦不迭：“噫嘻，我死矣！”

天宝九年（750年）秋，安禄山尚未入朝，玄宗就先下令在温泉为他修府第。听说安禄山将“戏水”，杨贵妃的哥哥杨国忠、姐姐虢国兄弟姐妹全部赶到新丰和他相会。当日阵势，“飞盖荫野，车骑云屯”，厚赐安禄山自不待言说，随行将士皆有赏赐，名曰“浴仪”。安禄山和随行将士同样享用玄宗专用的食物（“尚食”）。此外，凡是玄宗觉得美味的立即派使者快马赐予，“中贵相望于道”。

天宝十年（751年）正月一日，安禄山生日。玄宗和杨贵妃提前一天就送来大批珍贵贺礼。玄宗赐：金花大银盆二，金花银双丝平二，金镀银盖碗二，金平脱酒海一并盖，金平脱勺一，小玛瑙盘二，金平脱大盏四，次盏四，金平脱大玛瑙盘一，玉腰带一，并金鱼袋一，及平脱匣一，紫细绫衣十副，内三副锦袄子并半臂，每副四事，熟锦细绫□□（原籍缺二字）三十六具。另外，杨贵妃所赐类玄宗所赐者亦三十八件。当天，“又赐陆海诸物”，都用宫中金银器盛放，最后连同装赐物的御用器具一并送给他。最可笑的是第三天，杨贵妃让人以肩舆为摇篮，把用彩绣包裹的安禄山放上当成婴儿戏谑。这是36岁的杨贵妃为48岁的“儿子”安禄山作“三日洗儿”之礼。玄宗大悦，加赏洗儿金银钱器物无算，极乐而罢。

安禄山早已对玄宗的奢华生活垂涎三尺。曾经看见玄宗朝会之时“舞马”四百蹄，分作左右两队，再进行编班排组，而且每马皆有名号“某家龙”“某家骄”。玄宗从贡马之中精心挑选，又派宫廷乐师教习，舞马“无不曲尽其妙”。还给舞马穿上盛装，披金挂银，马鬃上加以首饰，珠玉装点满身。并配有专门舞曲《倾杯乐》数十部，马和着乐曲节拍，“奋首鼓尾，纵横应节”。舞马飞跃上三层高架，“旋转如飞”。有时，让壮士举起榻让马在上面跳舞表演。高潮之时，舞马口衔酒杯向玄宗跪拜敬酒……“禄山常观其舞而心爱之”。攻取长安之日，安禄山立即迫不及待地将玄宗逃亡后落下的舞马悉数送往老巢范阳，以供自己日后享用。

安禄山自从有了野心之后，就派部将刘骆谷驻在京城监视朝廷动静，全权代表向朝廷奏报，凡是他觉得有用的重要关节都会打通。

对安禄山，玄宗除了经济上给予丰厚赏赐，政治上更是宠幸无比。他封安禄山的母亲和祖母为国夫人，并给他十一个儿子赐名，成年的两子并封高官，并把荣义公主嫁给其长子庆宗。安禄山也因此成为自己干爸的儿女亲家，更加有恃无恐，根本不把太子放在眼里。位高权重的安禄山考虑到玄宗毕竟年事已高，怕太子即位对自己不利，“遂包藏祸心，将生逆节”。以加强对外防御为由，在范阳郊区筑新工事“雄武城”，对内豢养招降的各少数民族“曳落河”（蕃语意为健儿、壮士），仅“假子”（干儿子）就收养了8000多人，家中奴仆训练弓箭的就达上百人。又从各部落夺取战马数万匹、牛羊五万多头，实际上成为河北三道土皇帝。

安禄山加官晋爵，可称平步青云。天宝七年（748 年）六月，实封三百户，兼职之多达 21 种，长达 143 字，涉及地名 10 多处。当月，加封其父赠使持魏郡诸军事、魏郡太守。接着，封安禄山东平郡王。天宝九年（749 年）八月初二，又加河北道采访处置等使。

天宝十三年（754 年）正月初四，反相毕露的安禄山在行宫晋见玄宗，却装作一副无辜的样子哭诉："我本是个胡人，陛下破格提拔，身兼多个地方最高军政长官，陛下对我的恩德已经大大超出了常人。现在杨国忠妒贤嫉能，陷害我，恐怕我离死不远了！"为了抚慰他，五天以后，玄宗加封安禄山为尚书仆射（尚书省最高长官），赐实封一千户，儿子同时加官，赏赐无数。二十四日，又加管理牧马营田的高官。二十六日，加封"总监事"（全国总管）。安禄山乘机上报要给部下破格立功升官的名单，玄宗悉数批准，仅破格提拔的将军就达 500 多人、中郎将 3000 多人。

至此，安禄山要溜之大吉。出潼关后乘船顺流而下，码头船夫早就备好拉船的牵板和绳索站在岸上等待，人一到马上拉着向前行，一天能开行三四百里。他回到范阳，就下定决心起兵反叛。有人告发，玄宗还将他们绑缚送给安禄山治罪。从此，就没人敢告发了。最后一批告发者，送到半路上的商州，安禄山就反了。

天宝十四年（755 年）五月，安禄山派副将何千年奏报，要用 32 名亲信蕃将代替汉将。满朝皆知其反状，而玄宗竟质问："卿等疑禄山反！"玄宗还是不能相信，就偷偷派宦官给安禄山送柑子，刺探实情。宦官受贿后反而替他美言。当年六月，玄宗派往范阳的黜陟使裴士淹得知安禄山反状后不敢回长安，安禄山就收买了他。

同年七月，安禄山准备以献马为名向京城进军。朝廷最后一次派中使冯承威向安禄山传达圣旨，仍好言相劝。安禄山则断言："马不进，亦得十月灼然入京。"冯承威逃回长安对玄宗泣奏："臣几不得生还见大家……"

天宝十四年（755 年）十一月乙未，以"将军肚"而闻名的安禄山终于起兵反叛，掀起了长达八年的"安史之乱"，大唐盛世由此走向衰落。

唐代官场的“两面人”

唐代是中国封建社会的鼎盛时期，也是中国历史的一个重要截面。从相关资料中可以看到，尽管“口言善，身行恶”的“两面人”官员善于伪装，却逃不过史官的直笔。如《旧唐书》《新唐书》《唐国史补》《资治通鉴》等，就对唐代官场的“两面人”的种种行径作了如实记载，通过入木三分的刻画，把“两面人”的本质阐述得可谓淋漓尽致。

李肇《唐国史补》记载：唐德宗时官至工部尚书的裴佶，曾对人讲了这样一个故事。

裴佶小时候，他姑父在朝为官。一次，裴佶到姑父府中看望姑姑，正好遇到刚退朝回家的姑父在义正词严地大发感慨：“崔昭算什么东西，官员们都称赞他，这肯定是他给官员们行贿的结果。像他这么做怎么会不出事？”话音刚落，门卫来通报：“寿州刺史崔昭前来拜见大人。”裴佶的姑父闻报大怒，举起马鞭就要抽打门卫。其言外之意，“这种坏人来访，你竟敢替他通报！”过了好久，他才换上官服，很不情愿地去见崔昭。裴佶没想到，一转眼工夫，姑父就吩咐快给崔昭大人烹茶，又命令下人设宴款待崔昭，还安排人替崔昭喂马，给崔昭的仆从管饭。和裴佶同在后堂的姑姑感到莫名其妙："前何倨而后何恭也?"谜底很快就揭晓了。裴佶的姑父回到后堂时，一脸得意地招呼裴佶："孩子，你先到书房玩耍休息吧!"裴佶出门还没有走下台阶，回头看见姑夫从怀中取出一张礼单，"乃昭赠官纯千匹"。

这个前倨后恭的故事，活灵活现地揭露了那种平时满口原则、道貌岸然，一遇到私利则表现出贪婪、无耻的"两面人"。像这样可笑的"两面人"，在唐代屡见不鲜。

《资治通鉴》记载：唐睿宗（李旦）景云元年，安乐公主的死党——司农卿赵履温，在得知临淄王李隆基（后为唐玄宗）发动兵变，安乐公主被杀的消息后，马上飞奔到宫中安福楼下对李隆基的老爹李旦"舞蹈称万岁"。哪知，李旦早就看透了这个"两面人"，于是，赵履温高呼"万岁"的声音还没落地，李旦就"令万骑斩之"。

司农卿是从三品官职，主管全国农业生产、贸易、仓储和皇苑事务。赵履温担任司农卿后，想方设法博得安乐公主欢心，不惜倾尽国库为安乐公主大修宅第，"筑台穿池无休已"。在野蛮拆迁老百姓房子时，赵履温最为卖力。安乐公主的新豪宅背后，不知流淌着多少老百姓的血泪。还有，此人虽是堂堂朝廷命官，但为表现巴结安乐公主的诚心，居然掖起自己的紫衫袍，把公主车驾的缰绳套在自己脖子上给公主拉车。《朝野佥载》评价赵履温："心佞而险，行僻而骄。折支势族，舐痔权门。谄于事上，傲于接下。"赵履温被斩杀后，深受其害的老百姓蜂拥而至，将这厮的肉割走，不一会，就只剩下了骨头架子。

唐代还有一个著名的“两面人”，就是李林甫。此人在唐玄宗时期，窃居相位长达19年。《资治通鉴》评价：“世谓李林甫‘口有蜜，腹有剑’。”

李林甫任宰相时，特别妒忌有才华的人和有实力的竞争者，表面上对人十分友好，尽说甜言蜜语，私下却施以打击陷害，“啖以甘言而阴陷之”。天宝元年，唐太宗李世民曾孙、恒山王李承乾之孙李适之担任左相，并兼任兵部尚书。李适之拜相后，与中书令李林甫争权，被李林甫视为眼中钉。

李林甫紧紧抓住李适之性情粗疏的弱点，经常给李适之挖坑下套。有一次，他偷偷告诉李适之：“华山有金矿，开采可以富国，皇帝还不知道。”李适之便在一日上朝时，将华山金矿一事奏报唐玄宗，玄宗听罢龙颜大悦，立即找来李林甫商议。此时，李林甫却故作诧异地说：“这件事，人所共知。只是，华山是帝王‘风水’集中的‘龙脉’所在，怎么能只顾赚钱而破坏‘龙脉’呢？提出这个建议的人必定心怀鬼胎。”唐玄宗因此便认为李适之虑事不周，对他道：“你以后奏事时，要先与李林甫商议。”李适之从此逐渐被疏远。天宝五年，李适之被罢去相位。

唐代由盛转衰等历史的教训告诉人们，“两面人”的危害很大，必须及时把他们辨别出来、清除出去。

古代“熊孩子”如何“坑爹”

“养不教，父之过”这个警句，出自中国传统蒙学教材《三字经》。它是对家教、家风、家训等传统文化的深刻总结。从表面上看是子女“坑爹”，其根源是父母对子女教育的缺失。历史上，这种子女失教而殃及父辈的记载比比皆是。

唐代龙朔二年（662年）冬十月，朝廷重臣许圉师之子许自然因为打猎践踏农夫庄稼，继而将与之争辩的农夫打死。许圉师觉得是自家的私事，对朝廷隐情不报，同时对儿子放任自流。很快他就遭到弹劾：身为大臣违犯了奏闻之制（官员重大事项要及时报告朝廷的制度）。一个月后，许圉师因此事下狱，次年三月，连续贬官虔州（今江西赣州）、相州（今河南临漳）。许圉师出身名门世家，博学多才，科举高中。显庆二年（657年），累迁黄门侍郎、同中书门下三品，兼修国史。龙朔年间，连续四次升迁为左相。谁也不会料到，位极人臣的许圉师竟然因为管教不好儿子而被下狱贬官。

比许圉师稍晚三十年，唐朝名臣狄仁杰也有同样的尴尬。狄公刚正廉明，执法不阿，却失教于子狄景晖，终致英名扫地。史书对此记载：狄景晖为官贪婪暴虐，声名狼藉，以致境内怨声载道。狄仁杰将其罢官削职。后来，不少大臣求情，狄景晖也跪地表示悔过自新。谁知，他官复原职后竟变本加厉。深受欺压的百姓因此迁怒于狄仁杰，以致将记载其一世英名的“德政碑”当众砸毁。“德政碑”是狄仁杰以自己的官德人品赢得的丰碑，却因儿子居官无状而被毁。教子无方，狄仁杰难辞其咎。

许圉师和狄仁杰因子女之过，虽留骂名，但尚能安享晚年。历史上更多的“养不教”之子，则是坑得老父或收监下狱，或流落他乡。明嘉靖时期，66 岁的徐阶告老还乡，回到江南松江府（今上海）。本想在老家颐养天年的徐阶，却不曾料到两个儿子仗着父亲的余威横行乡里。不久，海瑞出任江南巡抚，勒令徐阶家人退还侵占的所有土地。徐阶家人以“三尺之法不行于吴久矣”为由，还想与海瑞讨价还价。但海瑞丝毫不为所动。最终，徐阶满门家产被查抄，两个儿子被流放充军，就连年近古稀的徐阶也被迫流落他乡。

有人因为“养不教”而落骂名，也有人因为教子有方而流芳千古。明末清初，有位叫高出的官员，留下了一段严格要求子女的千古佳话。有一次，他得知其子私收富商十幅唐寅画作，便当众押送其子入狱服刑，自己罚薪三个月，以示教子不严之过。

自古及今，父母是教育子女的第一责任人。如何教育子女，事关长远，更影响自身。古往今来，有多少成功者就是因为教子无方，或功败垂成，或晚节不保。为官者手握大权，有的子女想借用父母手中权力为自己谋私利，有的是被别人作为围猎官员的突破口。因此，官员严格教育子女更显重要。

从庄王绝缨说领导

成就大事业的人都有宽广的胸怀。俗话说，宰相肚里能撑船，说的就是为人要豁达，对于别人非原则性的冒犯，能予以宽容。春秋时，楚庄王一次大宴群臣，到晚上君臣酒兴正酣，突然宴会厅的烛光被风吹灭了。有人趁机拽了一把庄王爱姬的衣襟。爱姬就顺手扯断了拽她衣襟者的帽缨，立即向庄王告发，还命令马上掌灯，想查出帽缨被扯断的人。庄王没有理会爱姬，而是令群臣全都扯断帽缨再掌灯。宴会气氛顿时热烈起来，君臣尽欢而散。过了三年，楚国与其他国家交战，有一名楚将奋勇杀敌，最先登上敌人城头。庄王对大获全胜的楚军论功行赏时，就问立下首功的将军为什么如此勇敢。他只回答说：我是三年前宴会上那个被人扯断帽缨的人。

读罢故事不禁让人感慨万千。堂堂春秋五霸之一的君主，在朝堂之上，又是大宴文武百官的盛宴上，竟然有人对自己的爱姬不敬，并且爱姬已抓到非礼的铁证，只要烛光一照，肯定能使非礼之人曝光在众目睽睽之下。正当大伙儿提心吊胆时，庄王却说："都把帽缨扯断再掌灯！"此话一出，全场云开雾散，一片欢腾……庄王绝不是糊涂虫，他分析"非礼"是在酒醉状态下的无心之举，又是黑灯瞎火之中的“小动作”，既是人之常情，也无伤大雅。如果当场查问，必然把君臣欢宴之所变成审案公堂和杀人刑场，使上下相互猜疑，君臣离心离德。而他采取了截然相反的做法，取得了令人意想不到的效果。

成就大事业的人都有超凡的胸怀，能包容凡人不能容忍的人。这种胸怀有三大优点，一可以化敌为友，二可以不断激励自己，三可以团结更多的人。有这样胸怀的人，无论有多大艰难困苦都能克服，无论做什么事都能成功。汉代刘邦和韩信的故事最有说服力。

楚汉战争结束的第二年，汉高帝刘邦在洛阳举行盛大宴会，封赏了和自己有深仇大恨的雍齿为侯。这一爆炸性新闻顿时在朝廷引起轩然大波。

原来，刘邦在宴会上看到，将领们三五成群坐在空地上窃窃私语，就问随行的人说：“他们都在议论什么呢？”张良回答：“陛下还不知道吗？这是在密谋造反啊！”刘邦连忙说：“全国都希望安定，他们为啥要造反啊？”张良又说：“您当年是平民时就是用他们这帮人才取得天下。现在您当了皇帝，封赏的都是自己长期亲近的，诛杀的都是憎恨讨厌的。现在全军将士计算，他们的功劳就是用全国之地也不够封赏；他们既担心自己功劳不能受到相应的封赏，又害怕因自己多年的过错而被诛，所以聚集而谋反。”于是，刘邦就采纳了张良的建议，首先封和他有“故怨”的雍齿为侯。宴会结束后，群臣都高兴地说：“雍齿都封侯，我们还担心什么啊！”刘邦听从谏言，以天下为公，为初生的西汉王朝化解了一场政治危机。

韩信成为汉初三杰，被封为楚王后，荣归故里淮阴，接见并封赏了当年有恩于自己的人。随后，召见了曾让自己受“胯下之辱”的人，并封他为中尉（掌管治安的官员），并且告诉部属说：“这是位壮士，当年他能逼迫我受他胯下之辱，这才使我有了今天的成就和地位。”韩信的成功在于忍人之所不能忍，宽大的胸怀甚至让敌人变成朋友，值得我们学习。

从王戎钻李说贪官之贪

《世说新语》《晋书》《资治通鉴》均记载：有个原本富贵已极的人，家中有棵李树能结出特别甜美的李子，他还想把这些李子变卖成钱，却又怕别人买了李子得到它的种子，竟然绞尽脑汁想出办法——在成交前把所有李子的果核全都钻破。做出此惊世骇俗之举的主人公不是别人，竟是西晋司徒王戎。

王戎是谁？就是那位从小识得“道边李苦”的神童。幼年时期，王戎与同伴在路边玩耍，见大路边有一棵结满果实的李子树。其他孩子争相去摘，只有王戎无动于衷。问其原因，他说：“树在道旁而多子，此必苦李。”其超常智慧令人赞叹。

凭借才华与见识，王戎最终位列三公。但智则智矣，当年的神童却发生了惊人的蜕变。其聪明才智用得不是地方，全用在怎样攫取钱财上。我们就来看看王戎对钱财钻营算计到何种地步。

他对钱财的贪婪，达到无孔不入的程度。西晋时期司徒为三公之首、百官领袖。王戎早年到荆州出任刺史，出镇岳牧，身为封疆大吏；后来亲自主管“选事”（人事），并且“位总鼎司”，许多过去的老部下后来都升任大官。对于王戎来说，大权在握、位极人臣，他又天生精明，极爱牟利，加之当时的腐败世风，可以想象他在物质方面应该是应有尽有了。可是，他还在全国各地购置地产、修建庄园，到处经营水舂坊、磨坊，简直是无奇不有。他所囤积的物资和钱财，数目都已经无法统计，但仍然手拿象牙制的筹码，昼夜不停地计算，总是感到不满足，恨不得把全国的钱财都搬到自家。

他对钱财的痴迷，达到六亲不认的程度。王戎“聚敛无已”，因此富甲京城。其所作所为到了只认钱、不认人的地步。作为掌上明珠的爱女出嫁后，朝他借了点钱，没有及时奉还。女儿回娘家时，作为父亲的王戎脸色非常难看。女儿感到不对劲，就赶紧把钱还给他。见钱眼开的王戎立刻高兴得眉飞色舞。亲侄儿将举办婚礼，王戎只送给一件单衣作为新婚贺礼。侄儿婚礼刚刚举行完毕，王戎又后悔了，觉得有些吃亏，索性直接上门，讨回了那件原本作为贺礼的单衣。为了钱，他既不顾骨肉亲情，也能违背常理做出出尔反尔的事情。

他对钱财的占有，达到心理扭曲的程度。通过王戎钻李核，我们可以看出他实际是为了钱而煞费苦心——既想得到别人买李子的钱，又不想让人家得到所买李子的核。王戎想的是：别人得到了这枚李子后，觉得香甜美味，肯定想种下这美味李子的核。如果那样，几年以后，人家自己种的李核就能结出同样美味的李子，自己家李子的市场份额就会被人分割，价钱自然要降低，利益当然要减少。王戎对待外人是如此，对待自己的亲生女儿和侄儿亦如此，甚至对自己也是吝啬不已，到了不能养活自己的份儿上，以至于世人都嘲笑他得了“膏肓之疾”。

要尽小聪明的王戎，因对财富的贪婪以致臭名远扬。却不知道，他为何而贪、所贪何用。最后，这位本来富贵已极的大人物，却成了生活中“不自奉养”的穷鬼；那位自小就明白“道边李苦”的神童，在人生的道路上，因为摆脱不了内心的贪欲，最终蜕化为只认钱不认人的小丑。

商王武丁

武丁，姓子，名昭，是商朝第23位国王。根据夏商周断代工程的研究结果，他在位时间为公元前1250年至公元前1192年。盘庚迁殷以后，商朝曾有过一段繁荣期，但到盘庚之弟小辛、小辛之弟小乙统治时，商朝又衰落了。武丁是商王小乙的儿子。武丁即位后任用贤臣、励精图治，使商朝再度复兴，武丁也因此成为备受后人称赞的中兴之主。

据说武丁年幼时曾遵父亲之命在外行役，与奴隶一起劳作，因而不仅体会到“稼穑之艰难”，更懂得民生之多艰。武丁即位后，虽有振兴商朝的雄心大志，但苦于没有贤臣辅佐，史书记载他三年不对国事发表意见，军国大事全部托付给了宰相，而武丁只是对国情和民风进行深入调查与研究。

由于他特别想得到一位能辅佐自己成就复兴大业的贤臣，竟然在梦中见到一位名叫“说”的贤人。梦醒后，他立即将自己梦中见到的“说”的形象与百官对照，可是没有一个人相像。于是，他派出使者到全国各地寻访，终于在一个叫“傅险”的偏远之地找到了“说”，后来人们就以“傅说”来称呼他。当时，傅说正在一个囚犯和奴隶劳作的建筑工地上干苦力。使者把他送到宫中，武丁一见如故，当场就高兴地喊道："就是他！"经过交谈，武丁认定傅说果然是一位贤人，就破格任用他为相。武丁在他的帮助下推行改革，使商朝出现"大治"的局面。

武丁的长子祖己也是一位贤臣。武丁有一次祭祀祖先商汤后，第二天从空中飞来了一只野鸡，站在祭祀用的大鼎上鸣叫。武丁担心这是不祥之兆，祖己就对武丁说，您不要过度担心，当务之急是先处理好政务。他对武丁进行了许多劝导，武丁也乐于听从，史书记载"武丁修政行德"，天下人都很高兴，殷道再度复兴。

武丁时期，商朝连年用兵，征服了周围的许多方国，使商朝形成了"邦畿千里，维民所止，肇域彼四海"的广大疆域，北到河套、南达江淮、西抵周境、东至山东半岛东北部，都在他的战车之下。武丁的开疆拓土，为商朝的鼎盛奠定了坚实的基础。

武丁时期对四方大规模的军事征服，既有强大国力作基础，更需要骁勇善战的将领。武丁本人就是一个出色的统帅，经常亲自带兵作战。据甲骨文和金文的记载，武丁有位名叫"妇好"的王后，是一位巾帼英雄。从妇好墓中挖掘出的文物，推知她的名字应该是叫"好"，"妇"则是一种亲属称谓。她的另一个称号是"母辛"。身为王妃，妇好并不总是待在王宫里，而是经常率兵南征北战。她曾亲率大军征讨夷方、羌方等，在一次伐羌的战争中，她率领的军队多达一万三千人。

妇好不但能带兵打仗，而且还是国家的主要祭司，经常受命主持祭天、祭先祖等仪式。所谓"国之大事，在祀与戎"，妇好能征善战，又掌握了祭祀与占卜的权力，可见她在商朝的地位有多高。武丁的后妃兼女将者，除了妇好之外，还有一位妇邢。据说她不仅能带兵出征，还为武丁管理农业等事务。

武丁对新开拓的疆土，用分封的方式或者封给征伐有功的大将，如大将象雀被封为雀侯，或者封给当地臣服的方国首领。在甲骨文中，当时明确记载的受封侯者就有五十多个，受封伯者也有近四十个。妇好与妇邢也有自己的封地，甲骨文中有“妇好邑”，就是妇好封地的城邑，而妇邢的封地据说就在今河北邢台。

武丁之世，商王朝成为疆域辽阔的大国。他逝世后，其子祖庚继承王位。祖庚之兄祖己为了表彰自己父亲的功业，为他立了庙，尊称他为高宗，并作了《高宗肜日》和《高宗之训》两篇文章，其中《高宗肜日》在今天还能在《尚书》中读到。

周朝的奠基者

周文王，姬姓，名昌，是周太王（即《诗经》中称颂的古公亶父）之孙，公季（又称季历，季是排行，历是名字）之子，周朝的奠基者。他继位后称西伯，史书记载他在位50年，是中国历史上著名的明君。“周文王”是他的后人建立周朝后，给他加封的谥号。

西伯初立，继承祖先的基业，奉行祖父与父亲开创的制度，特别注重推行仁政——尊敬老人，关爱儿童，礼贤下士。他经常因忙于接待有识之士，甚至到中午还顾不上吃饭，因此，天下俊杰纷纷来投奔他。就连商朝的宗室孤竹君的两个儿子伯夷、叔齐，也因久闻西伯善于养老而不远千里前来投奔。商朝的大夫辛甲本是商纣王的大臣，“尝向纣七十五谏”，但昏聩的商纣王从不采纳他的谏言。于是，辛甲只好离开商来到周，西伯的大臣召公和他谈话后认为他德才兼备，就推荐给西伯。西伯亲自迎接辛甲，当场就授给辛甲公卿之位，并将当时富足的长子（在今山西省长治市长子县）封赐给他。辛甲在周仍不改谏臣本色，他曾倡议百官各献箴言，劝西伯行善补过。《左传》中还保留了一篇《虞人之箴》，就是辛甲制作的箴言，官箴作为一种经久不衰的文体，也是从这里开始的。

周有一块珍贵的玉版，价值连城，商纣王很想得到他。起初，商纣王派胶鬲来索取，西伯不给。因为胶鬲是一个贤臣，如果让胶鬲得到玉版，商纣王就会重用他，这对周是不利的。后来，商纣王派费仲来取玉版，西伯就给了他。因为费仲是一个奸臣，费仲得到玉版，商纣王会更加信任他，从而大大削弱商的实力。

当时还有一个诸侯——崇侯虎（崇国在今陕西省西安市户县一带）十分忌妒西伯，就向商纣王进谗言："西伯有意装成行善积德的样子，天下诸侯的心都向着他，长此以往将不利于您啊！"商纣王立即把西伯抓来关押在羑里（在今河南省汤阴县一带）。西伯部下十分担心他的人身安全，搜求到美女骏马等三样宝物，通过费仲献给商纣王。商纣王这个声色犬马之徒，见此喜出望外地说："这三样好东西，送我一样我就可以放了西伯，何况你们送这么多！"于是他当场下令释放西伯，还赐给他象征王权的弓矢斧钺等兵器，授予他用兵征伐诸侯的权力。商纣王还告诉西伯："我对你一直很放心，可是崇侯虎却在我面前说你坏话。"西伯又给商纣王献出自己洛水以西的土地，请求他废止了当时臭名昭著的酷刑——炮烙之刑，商纣王答应了他的请求。

西伯默默无闻地积德行善，诸侯之间发生矛盾都来找他评理。虞、芮两国（虞国在今山西省运城市平陆县，芮国一说在今陕西省渭南市大荔县）发生争执不能解决，就找到了周。虞、芮两国的人刚入周界，就发现正在耕种的百姓互让田界，礼让长者已是民众的习惯，他们还没见到西伯，已深深感到了惭愧，说："我们的争执是周人所耻的，难道我们还要前去自取其辱吗？"于是，转身返回家乡，争相谦让着离开。虞、芮两国主动化解了纠纷，各国诸侯听到后，都感叹地说：“西伯肯定是将接受天命的君主。”

西伯重用了一大批贤德人才，向他们请教振兴国家的大计，很快就出现“天下三分，其二归周”的局面。周虽表面上仍臣服于商朝，暗地里却积极进行伐商的准备。在虞、芮两国纠纷化解后的第二年起，西伯每年都率周师讨伐敌国，连续打败了犬戎（古部族名，活跃于今陕甘一带）、耆国（一说在今山西省长治市壶关县）等，为灭商建立了稳固的后方，对商纣王形成了合围包抄之势。商朝的祖尹闻讯，感到十分恐惧，就向商纣王报告。商纣王听后，傲慢地说：“得到天命的人难道不是我吗？西伯这个人能干成什么！”次年，西伯率师伐邘国（在今河南省沁阳市西万镇）。次年，西伯伐崇侯虎，开始建造丰邑，将都城从岐下迁到丰邑（在今陕西省西安市）。又过了一年，西伯逝世，他的儿子姬发继位，这就是后来的周武王。

相传“文王拘而演周易”，西伯被关押在羑里的监狱时，将八卦推演出六十四卦，并为每一卦写了一段卦辞，即是流传后世、被尊为“群经之首，大道之源”的《周易》。

中国古代占主导地位的儒家，推崇仁政，主张道德与政治的统一，把周文王推崇为“内圣外王”的典范。“万世师表”孔子就特别推崇周文王，他毕生都想恢复“郁郁乎文哉”的周礼，他称赞周文王乃“三代之英”。因此，周文王对中国历史的影响重大而深远。

周朝经过周文王、周武王两代人的努力，消灭了残暴无道的商纣王，国家得到了壮大。周武王逝世后，尚在襁褓之中的太子姬诵即位，是为周成王。周成王是周武王和邑姜所生之子，邑姜就是周朝大功臣姜子牙的女儿。周成王有一位胞弟——唐叔虞，他是晋国的始祖，在太原的名胜“晋祠”中，就供奉着唐叔虞和他的母亲邑姜的塑像。

周成王是周朝的第二位君主，据推算他公元前 1042 年到公元前 1021 年间在位。周成王即位时年龄很小，叔父周公代其摄政，这引起了管叔、蔡叔等人的猜忌。周武王伐纣后，曾让商纣王的儿子武庚（《史记》中称为禄父）管理商朝余民，命自己的弟弟管叔、蔡叔辅佐武庚。管叔、蔡叔先是放出流言，说周公将不利于周成王，继而勾结武庚发动叛乱，一些东方小国也被拉入叛乱阵营。周成王命周公统率大军东征，经过三年时间，终于将叛乱平定，元凶武庚被处死，主谋管叔自杀，参与者蔡叔被俘后流放。

平叛武庚之乱后，周公以周成王的名义，将商朝故地封给了平乱有功的周武王之弟康叔。周公担心康叔年轻，在处理政事上没有经验，特意作了《康诰》《酒诰》《梓材》几篇文章予以提醒，现在这些文章都还保存在《尚书》中。《康诰》这篇文章提醒康叔治理国家务必谨慎，应当努力探求古代明君治理国家的经验以安定保护民众，要慎用刑罚，广施教化。《酒诰》则侧重讲述过度饮酒的危害，商纣王就是因为过度饮酒而放纵自己、不遵法度，最后引来灭身之祸的。康叔听从周公的提醒用心治国，百姓都感到和睦高兴。

周公摄政的第六年，开始制礼作乐，颁布度量标准。第七年，周公还政于刚刚成年的周成王。周成王亲政后，周公自觉北面就人臣之位。周成王以周公辅佐有功，将曲阜方圆七百里之地分封给周公，这就是鲁国的起源。

据说在还政于周成王时，周公曾作《无逸》训诫周成王，这篇保存在《尚书》中的文章是中国政治思想史上的名篇。周公开篇就说："呜呼！君子所其无逸。先知稼穑之艰难，乃逸，则知小人之依。"君子不要贪图享乐，要先了解百姓耕种收获的艰难，然后再去享乐，就知道百姓的痛苦了。周公历数商朝与周朝早期历史上的诸位君主，凡懂得百姓生活之苦的，都能久在其位、享以高寿。周公要周成王"无淫于观、于逸、于游、于田"，而要为天下苍生的事尽心尽力，不要心血来潮地说"今天我就是想享乐一番"，这不是百姓所能答应的。周公还要求周成王面对批评，勇于反躬自省。

周成王时还有一件大事，就是完成周武王的遗命，营建了东都洛邑（在今河南洛阳）。早在周公摄政的第五年，周成王即命召公到天下之中的洛邑实地勘察，选址建造一座新都。召公三月五日到达洛邑，七日动员当地百姓在洛河北岸测定城郭、宫室、郊庙的位置，五天内就测定完毕。十二日清晨，周公到达洛邑，进行了全面踏勘，终于选定了涧水东、瀍（音缠）水西一带与瀍水东一带两个地点。周公把营建洛邑的规划图呈报给周成王，周成王也认为周公挑选的地点是最适合营建新都的。不久，洛邑的营建就开始了，经过八个多月的施工，这年年底终于竣工了。

周成王营建的洛邑在历史上又称"成周"，与周文王的都城丰京（在今陕西西安）、周武王的都城镐京（也在今陕西西安）相比，洛邑的地理位置更靠东，史书记载这是因为洛邑居天下之中，"四方入贡道里均"，方便四面八方的诸侯进献贡物。

周公还政于周成王的那一年，在洛邑举行了盛大的诸侯集会，天下万邦来朝，四海方物尽献。在这隆重的场合中，周公与周成王之间有一段对话，后来以《洛诰》为题保存在《尚书》中。周公说："唉。你处事要能善始善终。慎重地记住诸侯们的贡献，也要记住谁不曾来贡献。贡献的仪式如果不及贡献的物品隆重，那就要算作没来贡献，因为这是没有诚意的贡献。"周成王说："您要勉力保护我这年轻人，使我能发扬文王与武王的功业，使四方百姓能安稳定居在洛邑。"

周成王东迁的史实，不仅古代文献中有很多记载，当代考古发现也能够证实。1963 年，考古学家在陕西宝鸡发掘出了"何尊"，其铭文中有成王"宅于成周"的记载，铭文中还有"宅兹中国"四个字，这是"中国"一词的首次出现。"何尊"是"何"铸造的，营建洛邑的这一年，周成王曾接见过"何"，谈到了他的先父曾追随周文王，并赏赐给他一些贝币，"何"为了纪念此事铸造了"何尊"。

周成王弥留之际，担心太子姬钊不能胜任，命召公、毕公率诸侯予以辅佐。周成王去世后，姬钊即位，是为周康王。据推算，周康王在位时间是公元前 1020 年到公元前 996 年。周康王刚即位，就宣誓要继承周文王、周武王的伟大事业。在周康王统治时期，周朝讨伐屡次来犯的"鬼方"，据出土的一件青铜器记载，周朝军队在一次对鬼方的战役中俘敌一万三千人。周成王、周康王统治期间，"天下安宁，刑错四十余年不用"，被后世称为"成康之治"。

从真将军到“铁将军”

汉文帝准备到细柳军营视察周亚夫的军队。给皇帝打前站的官员到细柳军营门前，只见营中将士身披胄甲，手执利刃，弓箭上弦，就是不给他们放行。于是，就通报营门哨兵说：“皇帝马上就到！”哨兵却回答：“军中只听将军令，不奉天子诏。”说话间，皇帝也到了营门口，哨兵还是不让进。于是，皇帝就派大臣拿着正式调兵用的符节下达诏令给周亚夫：“皇帝要进军营慰劳军队。”周亚夫才下令打开营门。哨兵又对皇帝随从说：“将军早先有令，军营中不能驱车跑马。”于是，皇帝的车驾就勒紧缰绳慢行。到了营中，将军周亚夫以军礼相见。皇帝肃然起敬地赞叹：“此真将军矣！”

无独有偶，千载史册上被皇帝赞叹为“真将军”的还有一位。唐太宗贞观十年（636年）冬，太宗刚刚安葬了自己的“贤内助”长孙皇后，心情特别苦闷。一天晚上，太宗派宫内官员出肃章门外办差。可是，皇差到了城门前，守将段志玄却不开城门，皇差就高举皇帝签发的出城圣旨，对段志玄说：“圣旨在此，奉旨出城！”段志玄从容应答：“夜中不辨真伪。”皇差只好在城门下干等到天亮。太宗听到这件事后，赞叹段志玄——“真将军也”。

这两位将军之所以被誉为“真将军”，就是因为他们敢让皇帝吃闭门羹。将军一词由来已久，而且历史上将军之称也是名目繁多，任将军之职者也不可胜数。而像这样，敢把皇帝拉下马，或者敢给皇帝吃闭门羹的将军正是史所罕见。

东汉光武建武十三年（37 年），光武帝刘秀到洛阳郊外打猎，回城较晚，城门已经关闭。光武帝到最近的一个城门下，发布打开城门的诏令，谁知守将郅恽却闭门不纳。光武帝无奈亲自策马立到门前，吩咐郅恽开门。不料郅恽说：“夜间看不清楚叫门者到底是谁，不管是谁要进城，都得按朝廷的规矩，我也不能随便开门。”汉光武帝只好绕道到东中门入城。第二天，郅恽还上疏批评皇帝。光武帝不仅没有生气，反而赏给郅恽一百匹锦缎；还提升了郅恽的官，却贬了那个守东中门放自己入城的官员。

南朝刘宋孝武大明五年（461 年），宋孝武帝有次出城打猎，晚上返回时都城已经关门。皇帝就以御用信物为证，命令留守都城的侍中谢庄开门。谢庄却回答信物可能有假，坚决不肯奉旨，要求皇帝必须下达正式圣旨他才会打开城门。吃了闭门羹的皇帝后来在宴会上，不动声色地问谢庄，说：“您是想学习东汉的郅恽将军吗?”谢庄回答说：“臣听说历代帝王闻王游猎应该有度。今陛下游猎早出晚归，臣担心不法狂徒，妄生矫诈。为了确保万无一失，臣斗胆要看到御笔钦命，才敢开门!”

唐天宝十二载（753 年），唐玄宗早上在华清宫度假，晚上想出行宫游玩，却遭到龙武大将军陈玄礼严词拒绝。陈玄礼对玄宗说：“行宫外就是荒郊野外，怎能不防备！陛下一定想要夜晚巡游，请马上返回都城长安。”玄宗皇帝硬是被拉回行宫。后来，陈玄礼被提升为禁军统领。

唐宪宗元和五年（810 年），御史中丞吕元膺出任鄂岳观察使。吕元膺到任后，有天晚上想登城视察，可是城门已经上锁，守城官不给开门。吕元膺的随从对他说："这是吕大人叫门啊！"守城官回答曰："夜里没法辨认真伪，即使真是吕大人叫门也不能开城门！"吕元膺只好返回，第二天就提升守城官担任重要职务。

常言说："舍得一身剐，敢把皇帝拉下马。"无论是让皇帝吃闭门羹，还是让皇帝屈驾就尊，这些真将军们有个共同点就是敢于坚持原则，他们的原则不会因人而异，即使皇帝也不会例外。在封建时代，主宰最高权力，可以随意生杀予夺的皇帝，可以说是无所不能，可是在真将军坚持的原则面前却无计可施。正因为真将军们所持原则，不会对包括皇帝在内的任何人打折扣，这使原本抽象的"原则"在他们身上实实在在地具象化为"铁"的东西。这也是后世人们将能把住门道关口的坚固的锁头，尊称为"铁将军"的缘故吧。

叁　官德善政

从诸葛亮遗表看为官者应给子孙留什么

《三国志·诸葛亮传》记载诸葛亮去世之后，后人清理他的遗物时发现，他的家产确实只有他在遗表中申报的两笔——一是成都郊区的八百株桑树，二是贫瘠之田十五顷。据测算这仅相当于当时中等人家的财产，但他却感到子孙后代靠这些家产不仅能维持基本生活，肯定还有些富余。人们不禁会问：堂堂蜀汉丞相，家产何止这么点？实际上却恰恰如此。他出将入相，执掌朝政数十年，南征北战大半生，除随身衣物和日常伙食由国家供给之外，再没有任何开支，也没有做其他营生谋半点私利。作为相父——蜀汉实际上的最高统治者，他有足够的地位、权力和能力，给自己置办丰厚的家业，享用终生，再留给子孙继承。然而，他却用清白的一生、微薄的家产兑现了他“若臣死之日，不使内有余帛，外有赢财，以负陛下”的庄严承诺。诸葛亮给子孙留下的，除了微薄的家产，还有一篇“淡泊明志，宁静致远”的《诫子书》。

古往今来，像诸葛亮这样给子孙留薄产，甚至不留遗产者，却是大有人在。

汉宣帝时，太傅疏广退休回到老家，把自己带回的大笔养老金和贵重器具分与乡亲。有好心人劝他应该用这笔钱给子孙置办家业，他说："我怎么会老糊涂，竟然不知道为子孙着想啊！看到子孙们都有自己的田地和房屋，只要他们辛勤劳动就能丰衣足食，完全能过上平常人的生活。我现在给他们置办家业就是给他们添累赘，只会让他们变得好吃懒做。子孙有本事，我再给他们大笔财富，就是消磨他们的志气；子孙没有本事，我再给他们大笔财富，就是帮着他们犯错误。何况暴富会引发众人不满，我虽然不能教育子孙修德向善，但不想让他们因暴富而招来众怒。再说了，这笔钱是皇帝给我养老的，因此，我晚年就和乡亲们共享，难道不好吗？"

唐玄宗开元年间，工部尚书张嘉贞也是终生不置家产。有人劝他买房置地，他却说："我贵为将相，何须担心吃不饱、穿不暖！若是我犯了罪，虽有良田美宅，但终归一无所有。那些朝廷官员费尽心机侵占的那么多肥田沃土，自己过世后就全部变成不孝子弟腐化堕落的本钱，我才不学他们，干那样的傻事呢！"

诸葛亮的后代虽然没有从祖先那里得到丰厚的家产，却继承了他丰富的精神财富。他们虽然没有成为物质财富的继承者而富甲天下，却成为忠魂烈士精神的薪火传人而流芳百世。

为官一世，富贵百年。在讲究因袭制度的封建社会，为官者在临死之前，最大的愿望就是把自己毕生享用、积攒的荣华富贵再传给子孙后代，以求福禄绵延，恩泽后世。当时，这本是合情合理的事。而明智的人却并没有那么做，他们用更高尚的操守，或是用更高明的处世哲学，把自己的精神财富传给子孙后代。留下一种名传千古的祖训家风，留下一种淡泊宁静的优良传统，留下一种安贫乐道的处世哲学。这才是他们留给子孙们的弥足珍贵的遗产。

道光帝的那碗面片儿汤

晚清总理衙门章京、民国清史馆编修李岳瑞在他的历史笔记《春冰室野乘》中记载：一日，道光皇帝想吃面片儿汤，令御膳房备办。次日，内务府奏，请添置御膳房一所，专门供应此物，尚需设专官管理，总计开办费数万，每年经费数千。皇帝说，用不着这样，前门外某饭馆片儿汤做得非常好，去买碗就是了。半天之后，内务府复奏，那个饭馆已经关张了，您要想吃片儿汤，非得在御膳房开设专门机构不可。读罢令人哭笑不得。

面片儿汤是北方人的家常饭，其原料仅面粉和水，配料不过时蔬调味，家常到几乎所有北方的男女老少都能做的地步。为了这碗面片儿汤，还得专门开设一个衙门，建一套机构，派一任大员，自然少不了再拉一班人马。

道光皇帝连满汉全席都不稀罕，且不说每日三餐都有吃不尽的山珍海味，仅全国十八省小吃也是吃不过来，还在乎这一碗面片儿汤吗？也许皇帝一生只有一次想到这碗面片儿汤，为何让内务府的大爷们如此煞费苦心？难道全然是因为对皇帝主子的孝敬吗？恐怕不止这么简单。

皇帝不想开办这个面片儿汤局，点名到那家饭馆，奇怪的是这家饭馆竟然关张，迟不关早不关，偏偏在这关键时刻关张？再说，内务府的大爷们就那么傻吗？放着打发人去门口买一碗的轻松活儿不干，偏要揽一个起锅升灶常年烟熏火燎的苦差？其实症结所在就是内务府的大爷想自己另起炉灶。

道光皇帝两问，内务府大爷两答。前后仅一天半时间，不过36小时，从工作流程和时间节奏上看，内务府的大员雷厉风行，要在最短的时间内把皇帝的金口玉言变成金科玉律。办事效率之高，每次都不超过一个工作日，并且每次都能提出一个落实圣旨的实施方案。冠冕堂皇，道貌岸然。而实际上，内务府两次奏报，每次都只为皇帝提供唯一一个方案，使得贵为天子的皇帝别无选择。貌似君君臣臣，看似天地纲常，实则内务府大员是以奴才的身份毕恭毕敬地向他的主子漫天要价。

有勇气诏告天下、把自己从太庙开除的道光皇帝绝非等闲之辈，可为何对身边奴才们却如此无可奈何？常言道，伴君如伴虎。同样，伴虎老手的内务府大爷们个个都不是省油的灯。且不说内务府下辖的七司三院，遍布全国的织造、海关、外贸的衙门机构超过50多个、专职官员超过3000多人，在庞大的御膳房系统中有一处仅供皇帝一人日常饮食的养心殿御膳房也有五局数百人之众，竟无可做这种技术含量极低的家常便饭之人；仅宫内大小御膳房不下数百处之多，竟无一处可容这种仅需锅灶即可的简易操作之地。

由此引发的机构膨胀、冗员剧增、铺张浪费、贪污腐败就可想而知了。大员们手上打着给皇帝办差、为皇帝服务的幌子，心里却在打着自己的如意算盘，利用皇帝之名，为自己立司开局，安插私人、敛财、捞好处。一是算经济账，二是算政治账。名利双收，两全其美，何乐不为呢？由此不难理解满清政府腐败到什么程度，无能到何等地步。

何必“徒烦牛足”

唐咸通十二年（871 年），宫廷乐工李可及因编排《叹百年曲》而博得懿宗皇帝欢心，很快得到加官晋爵，并且经常受到懿宗特殊赏赐。李可及儿子婚礼，懿宗派使者抬着两只硕大的银酒壶作为贺礼。李家人以为银壶中盛的必定是酒，谁知打开一看，竟然满是金玉珠宝……右军中尉西门季玄曾多次诚恳劝谏懿宗，不要没有原则地对李可及赏赐，但皇帝置若罔闻。李可及也不把西门季玄的话当回事儿，照样心安理得地接受皇帝这种无度的赏赐，并且经常动用宫中官车搬运回家。耿直公正的西门季玄对李可及说：“你很快就会家破人亡。这些赏赐的物品将来还会用官车搬运回宫。你这不是受赐，只不过是烦劳拉车的牛多跑冤枉路罢了！”（“徒烦牛足耳”）

果然不到两年，即咸通十四年（873 年）七月十九日，懿宗皇帝驾崩不到两个月，李可及就被流放岭表。懿宗赏赐给他的珍宝，全部被查抄没收，还是用牛车运回宫中内库。有识之士都说：“西门季玄真有先见之明啊！”（“果如季玄言”）

李可及是晚唐著名艺人，他的飞黄腾达还得从一场超级豪华葬礼节目说起。咸通十二年（871 年）正月十五日，唐懿宗为爱女同昌公主举行葬礼，极尽奢华铺张之能事。随葬的衣服和器具每样都一百二十舆，用精美锦缎装饰仪仗和陪葬品，送葬队伍“辉焕三十余里”。懿宗和郭淑妃（同昌公主生母）思念公主不能自已。此时，善于揣摩圣意的乐工李可及就投其所好，以纪念同昌公主为主题创作了大型舞蹈——《叹百年曲》。节目演出获得极大成功，舞蹈传神，配乐动人；演出阵容强大，仅舞蹈演员就达数百人之多；舞美服饰极度奢华，打开宫廷府库，挑选各种宝物为演职员作首饰、道具，数百人盛装珠翠而舞，还用八百多匹锦绣作为地毯，演出结束时，金玉珠宝散落得满地都是。

作为晚唐时代的著名音乐家、舞蹈家，李可及的歌舞“声词悲切，听之莫不泪下”，否则也不会在宫廷乐舞团体中担任主创，并能赢得皇帝垂青。李可及这场精心编排的表演，赢得了皇帝的赞赏，以致当时长安城中的许多权贵子弟争相效仿，甚至将这种表演方法誉为所谓“拍弹”。李可及最终悲剧性的下场从表面上看，是没有听从西门季玄的劝言，接受无度赏赐。但本质问题是，李可及不应该只为博得懿宗皇帝一人欢心，浪得一身虚名。看似为同昌公主葬礼锦上添花，实际上是为昏聩至极的懿宗的重大丑行助纣为虐。他有这么好的艺术素养，有宫廷歌舞团这样的唐代最高级别艺术平台，如果站在正义的立场，真正能创作出无愧于时代的经典之作，能为天下平民服务，也不至于在主子去世一个多月后就家破人亡。

西门季玄，历任神策中尉、右迁神策军佐、右中护军、右监门将军、军容使等要职。他素以正直忠诚著称，对李可及之流以谄媚迷惑皇帝深恶痛绝。因此，时人称赞他忠诚正直。《新唐书》记载："唐世中人以忠谨称者，唯（马）存亮、西门季玄、严遵美三人而已。"

大多数人只追究了此事件的直接责任人，而没人注意到此事件的主要责任人唐懿宗。他才是这一悲剧的罪魁祸首。懿宗"洞晓音律，犹如天纵"，在音乐艺术方面很有造诣，但他"游宴无节"，透支生命，以致 41 岁就一命呜呼。《新唐书》对他的评语："以昏庸相继。"当时，宫中乐工在五百人以上，每天都要载歌载舞，皇帝即使外出巡游也要带上乐工，随意赏赐动辄上千贯；扈从之众多达十万，为了应付皇帝随时出巡，陪同亲王只得侍马以待。咸通九年，同昌公主出嫁，懿宗皇帝赐给她五百万贯钱，并几乎倾尽宫中内库珍藏的各种珍宝，让她用这些珍宝来装修府第，就连倒垃圾用的簸箕也是纯金打造的。史书评价：汉、唐两个鼎盛王朝，凡公主出嫁从未有过同昌公主这么气派奢华。同昌公主病逝后，懿宗又滥杀了二十多位无辜医官。可见，李可及的幸运是建立在多少人不幸的基础上。正因懿宗如此昏庸无道，在他死之后 34 年，即 907 年，中国历史上最为鼎盛的大唐王朝也寿终正寝了。

“贪官”李林甫的精神压力有多大

李林甫（683—753 年），任宰相十九年，是玄宗朝任职时间最长的宰相，也是中国历史上著名的奸相。他大权独握，蔽塞言路，排斥贤才，导致天下大乱，应对唐朝由盛转衰负重要责任。

《资治通鉴》记载，大唐天宝六载（747 年），李林甫的儿子李岫（官为将作监，宫廷建设造办署长官，从三品），特别为其父的权势满盈而担心，曾跟随其父在自家后花园散步，随手指着正在搬运重物的苦役对父亲说：“父亲大人您担任宰相要职这么多年，生怨结仇的人满布天下，万一哪天‘出事’，想跟他们一样都不可能。”李林甫听罢很不高兴地说：“形势已如此，我们没办法啊！”从李氏父子对话中，不难看出表面上位高权重的李林甫，其内心所承受的巨大精神压力。

明知这样做不对，明知这样做最终不会有好下场，但为了满足自己追求权势的欲望，而继续去做那些坏事；不仅能扮演好各种角色，而且能转换自如，游刃有余。这样必然导致心理扭曲和变态，从而承受难以想象的精神压力。

李林甫和别的宰相真不一样。唐朝开国以来，任宰相的人都是以道德和大度来严格要求自己，从来不搞狐假虎威的事儿，外出时牵马的随从只有几个，官民可以不必回避。而李林甫自知结怨太多，经常要防备别人暗杀自己，外出必须有步兵骑兵上百人组成警卫部队分为左右翼保护自己，还派出京城和宫廷禁卫军（“金吾”）到大街上搞戒严，警卫部队的先锋队提前开进数百步之外，公卿大臣见状纷纷逃走躲避。在家居住，所有门户必须加配多套关锁，所有的墙壁都要双层，用石板把地面铺得像铁板（防止有人挖地道实施偷袭），墙壁内装置木板（防止穿墙而入），好像要防备强大敌军的突袭，晚上睡觉经常换房间、移床位，即使是家里人也不知道他到底在哪儿睡觉。《资治通鉴》特别强调：“宰相驺从之盛，自林甫始。”

唐玄宗晚年自恃承平已久，认为天下已经没有令他担心的事情了，因此深居禁中，专门用声色自娱，国事全部交给了李林甫。于是，李林甫就谄媚皇帝身边的人，专门迎合皇帝的心意，用以巩固自己的宠幸地位（《资治通鉴》：李林甫“媚事左右，迎合上意，以固其宠。”《新唐书·李林甫传》：“林甫善刺上意。”）；他杜绝言路，千方百计掩蔽，不让皇帝了解到真相；他妒贤嫉能，排挤压制比自己有才能的人，用以保护他的地位；他多次兴起重大冤假错案，陷害、诛杀、驱逐王公大臣，用以显示自己的权威。从皇太子以下的全国臣民，害怕他到都站不稳脚（“畏之侧足”）。他养虎为患酿成后来的“安史之乱”，而唐玄宗竟然没有什么觉察和醒悟。

唐玄宗开元二十四年（736年），李林甫召集全体谏官开会，并训诫：“现在圣明英主在上，群臣顺着圣意都跟不上趟，你们就不要多言。诸位没看见大殿门外的皇帝仪仗队的马匹吗？只要它们不吭声，老老实实站在队列里就可以吃上等草料，一旦鸣叫一声（惊扰圣驾），立即就被呵斥拖走。到那时，它们再想吃好料就不可能了，再后悔也没用……”补阙杜琎上疏言事，第二天就被李林甫贬为下邽县令。唐朝谏官进言的渠道就此断绝，大唐帝国开始进入万马齐喑的沉闷时代。

李林甫欲大肆打击政敌，起用了两个臭名昭著的帮凶。京兆尹萧炅举荐京兆法曹吉温，称其善于治狱，李林甫大喜。吉温常道：“若与能够赏识我的人，南山白额虎我也能捉住。”杭州人罗希奭，好用酷刑，也被李林甫由御史台主簿升迁为殿中侍御史。李林甫让这二人掌管刑狱，从而打击异己。“皆随林甫所欲深浅，锻炼成狱，无能自脱者”，只要落在他们手中，无人能逃脱厄运。当时人们把他们称为“罗钳吉网”。李林甫多次制造大案，专门在首都长安设立特别检察院（“别置推事院”）。

李林甫特别忌恨有文才学识的知识分子，经常假装和有才华的人很亲近，说好听的话，却在暗地里陷害他们。“世谓李林甫‘口有蜜，腹有剑’。”意思为嘴上甜，心里狠。李林甫城府很深，很会搞两面三刀，干尽坏事却从来不露声色，没人能看到他的真面目。凡是皇帝信任的人，他先是想方设法巴结，只要对他有一点不利，就立即设计将其除掉。“虽老奸巨猾，无能逃于其术者。”可见，李林甫把权术玩弄得多么高明。

史载，李林甫“自处台衡，动循格令，谨守格式，百官迁除，各有常度”，并主持编撰了我国现有的最早的一部行政法典——《唐六典》。这说明他是很有能力的，但他把才能用错了地方。他虽然没有同朝为相、用金玉珠宝装饰车马的杨国忠那么贪腐，也不像“伴食宰相”卢怀慎那样无能，史册上也没有关于李林甫贪腐的记录，但是李林甫之“贪”不在物质，而是权力，这种“贪”更加隐蔽，危害性更加严重。如果他不是因为无限度地满足权力欲望，而昧良心干尽那些伤天害理的坏事，就不至于心理极度扭曲，而承受超大的精神压力，也不会招致千古骂名，凭他的才干或许会成为一代贤相，为千秋传颂。

从唐玄宗“夜开禁门”到天下大乱

大唐天宝五载（746 年）秋天某夜，唐玄宗命令打开“禁门”，不为别事，只为把因给他使性子而跑回娘家的杨贵妃迎进宫来。唐时宫中门户的开阖是有严格规定的，什么时间开、什么时间关、如何管理等都有严格限制。如果要在关闭期间打开，要有皇帝的开启命令，并经宰相审核后以正式诏书的形式发布，门卫接到后再严格按照诏书将要求开启之人、所开之门、所办何事、所因何事等逐一审核无误后方可开启放行。可见，皇宫禁地之门没有非常大事不得开启，因此叫“禁门”。

这是唐玄宗打开了自己的情欲之门。皇帝作为真龙天子代天理民，本应有自己的道德规范和操守。唐玄宗在前期基本上做到了，也应该算是个圣明的皇帝。可到此时，碰见儿子寿王李瑁的正妃杨玉环，就把这个儿媳妇纳为己有，先更名太真，再册封贵妃。很快“三千宠爱在一身”，而且仪礼竟然和皇后一样。尽管如何“肌态丰艳，晓音律，性警颖，善承上意”，但她毕竟是自己的儿媳妇。可是，被誉为千古圣明皇帝的唐玄宗却置人伦大体于不顾，竟冒天下之大不韪，明目张胆地娶儿媳妇做老婆，并演绎出长生殿上的所谓爱情浪漫剧，还留下了“春宵苦短日高起，从此君王不早朝”的不光彩写照。

国家制度之“禁门”也因此失控。按理说，一名妃子应当享受的待遇，国家早有定制，而任何严明的制度在杨贵妃面前都是一纸空文。别的暂且不说，仅专供杨贵妃的织绣工人就达七百多人。可以想象七百多人的生活开销，他们所做工的成本造价……杨贵妃想吃新鲜荔枝，皇帝就命令原本用来传递十万火急战报的驿传从岭南骑马飞驰往来专门给她传递荔枝，并且到达长安后还要保持新鲜，要求色香味俱佳。朝廷和各地官员，甚至外国使节都竞相向杨贵妃献上各种精美的器物服装珍宝玩具。其中，岭南经略使张九章、广陵长史王翼二人就是因为所献的东西精美而加官晋爵，张九章荣升为三品高官而位极人臣，史王翼高升为专管天下钱粮赋税民政的户部侍郎。由此，向杨贵妃进献邀宠风靡全国。在重男轻女的封建时代，人们的观念竟然因杨贵妃过度宠幸而改写，于是出现了“生男勿喜女勿悲，君今看女作门楣”的民谣。

天下大乱之禁门，也由此洞开。因为杨贵妃的受宠，她三个姐姐和两个哥哥家送礼的车驾在门前排成长队，从早到晚红火像闹市一样，送礼的价码起价都在千万以上。这些人也不会盲目送礼。因为，他们都知道各官府衙门对待杨家亲戚交办的事比对待圣旨都尽心，就没有他们办不成的事。就连安禄山都千方百计为博得杨贵妃一笑。在第一次晋见时，先装作“不知太子为何官”；后又以“胡人先母后父”为由，先拜杨贵妃而后拜玄宗皇帝。天宝十载（751年）刚过完生日的第三天，安禄山入宫晋见。年方 36 岁的杨贵妃竟然让人用襁褓把这个体重三百多斤，年过 48 岁的“儿子”包裹起来，给他荡起秋千来，美其名曰："三日洗禄儿。"正是因为认上了杨贵妃做干妈，才使安禄山很快身兼三镇，威震河北，封王晋爵，位极人臣，以致日后颠覆天下，致使六军在马嵬坡前逼杀自己和哥哥杨国忠。她和明皇谁也没有想到养虎为患竟然到了这种地步。

正是因为唐玄宗那次看似简单的"禁门"一开，看似仅为杨贵妃随意打开一扇户门，而由此引发出一系列恶性连锁反应，甚至使盛世大唐山河破碎，让他从此流亡。这些也许都是唐玄宗始料不及，也可能他至死不悟，却引发后人深省，警钟长鸣，警戒千秋。

何曾的先见之明又何曾高明

大风起于青萍之末，历朝历代在出现大乱之前必定有一些征兆，能够洞察世事者实属高明。中国历史上也不乏这样的高人。春秋时期，吴王夫差通宵达旦地在姑苏台欢宴饮乐，伍子胥劝谏他也不听。伍子胥就断言："吾见麋鹿游于姑苏之台也。"不久，越国伐吴，吴国战败，姑苏台被焚毁。魏正始七年（246年），大臣得来劝谏高句丽、王宫骊不听后，他就指着高句丽的王宫说："立见此地将生蓬蒿。"不久，高句丽国被灭，宫骊竟落得只身逃命。晋惠帝永康九年（299年），大臣索看到天下将乱，指着洛阳宫门的铜驼说："会见汝在荆棘中耳！"然而，西晋宰相何曾同样也预见到天下将乱，可是他的做法却和别人截然不同。这恰恰是何曾的人生悲剧所在。

"八王之乱"之后，西晋政局动荡，社稷飘摇。晋怀帝永嘉三年（309年），尚书何绥遭诬害被杀，他哥哥何嵩痛哭流涕地说："我爷爷（何曾）怎么这样料事如神啊。"他们的爷爷何曾当年是晋武帝的开国元勋，也是当朝宰相。何曾经常陪同武帝参加宴会，回家之后，就对儿子们说："皇上开创基业以来，每次宴会我都参加，从没有听到他讲到治理国家的长远打算，仅仅谈及日常琐事，没有给子孙后代作长远打算的办法，他自己这一辈子还可以过下去，后代怎么办啊！你们好像还可以免祸。”又指着孙子们说：“到他们一定要惨遭祸乱。”后来，果如何曾之言。在惊叹何曾料事如神的同时，也以此警示后人：千万不能这样苟且偷生。

眼看皇帝放纵却不加规劝。何曾看到国家出现危机，大乱在即，应该算是一个很有见地的政治家，但作为晋武帝的股肱重臣、当朝宰相，他却没有尽到职责。他眼看晋武帝一步步将江山社稷葬送到丧乱的深渊，却袖手旁观。当时宫女近万人，武帝就乘坐羊车，任羊拉着在后宫随意游走，羊车停在哪里，他就在那里宴寝。宫女们为了吸引羊车把皇帝引来，竞相把羊爱吃的新鲜竹叶插在门缝，利用羊喜爱盐的习性用盐水洒扫庭院。武帝一味耽于享乐，以致荒废政事，公开卖官比东汉桓帝、灵帝都厉害。上有所好，下必甚焉。正是因为何曾的放纵，武帝才穷奢极欲，奢靡之风盛行全国。臭名昭著的王恺、石崇斗富就出现在这个时期。伍子胥等人尚能劝谏君主的过失，虽不见效但也算尽职尽心，死而无憾。何曾则不同，他能洞若观火地看到君主之失，预见天下将乱之势，竟在当面一言不发，只是回家窃窃私语。

明知大祸临头却只顾自己享乐。他的放任给国家和家族都埋下了颠覆的祸根。何曾看到天下将乱的端倪之后，不仅没有劝谏皇帝，自己也是及时行乐，得过且过。他过着奢华至极的生活。日常使用的帷帐车驾和服饰，质地和工艺都要求精美到极致，饮食供养，都超过了王爷。每次参加皇帝的宴会，都吃不下御膳，武帝就特许他吃自己从家带来的精致食物。他吃东西特别挑剔，吃蒸饼时遇到没有开裂呈十字形花纹的都不吃。他每天仅伙食费就超过一万钱，还说膳食没有味道，没有可以下筷子的地方。据专家估算，当时的一万钱相当于一千个平民百姓一个月的生活费用总和。从大臣们的举报中可以看出，何曾的生活奢侈到何种地步：他竟然用青铜作车驾的纼绳，用美玉装饰牲口的蹄子和犄角。

料定子孙遭殃却放任自流。声名显赫的何曾大家族，从何曾自己开始奢侈，儿子、孙子一代一代，变本加厉，最终走向灭亡。史载：其嗣子何劭“骄奢简贵有父风”。《世说新语》记载，何劭在膳食上完全超过了他父亲何曾的奢侈度，真是有过之而无不及。“食之必尽四方珍异，一日之供，以钱二万。”有其父必有其子，老子何曾一日食万钱，到儿子何劭每天的费用达到二万钱。到了孙辈时，生活更加奢侈，其最终结局可想而知。就这样，何曾自己、儿子何劭、孙子何绥，三代宰相的何氏大家族正是从奢侈走向灭亡，从西晋开国到永嘉末年，仅仅 40 多年时间，曾经显赫至极的何氏大家族竟然没有一人能够幸免于难。归根结底，何曾自己正是亡族灭家、断子绝孙的始作俑者。

正如《资治通鉴》总编辑司马光所评价：何曾私下讥讽晋武帝晚年偷懒，得过且过，没有深谋远虑；他看到天下将乱，子孙难逃祸乱，似乎很高明！但是他自己却过度奢侈，并且让子孙传承他的遗风，最终以骄奢亡族，他所谓的高明又何在啊！而且他身为宰相，明知自己的君主有过失，不当面劝谏而是回到家中私议，也绝对不能算作忠臣。可见，何曾的“高明”以及言行，于国、于家、于己、于人最终都成为千古遗恨，既祸国殃民，又贻害家族、坑害子孙。

从宰相离任换砖说为官之德

唐懿宗咸通十二年（871 年）四月，朝廷免去路岩的门下侍郎、同平章事之职，改任他为同平章事充西川节度使。刚卸去原职的路岩，毕竟还是封疆大吏，尚有卫队鸣锣开道，竟然在长安闹市被老百姓用碎砖烂瓦暴砸一通。经历“都门飘瓦”的路岩就迁怒于京兆尹薛能，故意对薛能说：“我离开长安的时候，烦劳你用碎砖烂瓦为我饯行！”他责怪自己提拔起来的薛能没有保护好自己。没想到，薛能却不慌不忙地举起手中笏板回答说：“按惯例宰相出京到外地任职，京城所在的地方官府从不派人护卫。”路岩被说得羞愧难当。路岩的经历，令人感慨万端，或感叹官场无情，或叹息世态炎凉……笔者则以为有如此下场，主要是因为路岩没有修官德，以致落得个凄凉的下场。

为官伤天害理，作恶天怒人怨。当权时，路岩竟出了个馊主意——凡三品以上的大官被赐死后，都要切下喉结，以验证其死亡。当时，他逞一时之快，干出这等坏事，最终招致天怒人怨。僖宗乾符元年（874 年），路岩自食其果。流放途中，原本仪表堂堂的美男子路岩在江陵监狱中两晚就变得须发尽白，被赐死时也被切下喉结，而处决他的地方——正是五年前被他害死的杨收死时的床榻。史书记载：路岩“自罹其祸”，恰如其分。他既然伤天害理，必能祸国殃民，最终走上不归路，也都在情理之中了。像路岩这样为官时不修官德，不仅葬送自己的前程，更使自己卸任后无路可退。

与人相交以利，而不是以义。少年得志，36 岁即能入相的路岩与另一个奸相韦保衡沆瀣一气，势倾天下。他只顾自己的小圈子、小集团的蝇头小利。路岩和韦保衡相互勾结，看起来很“铁”，一起玩弄权术，但最终还是因为各自利益而相互交恶，路岩被韦保衡陷害遭贬。这种大起大落的巨大落差，无疑是对为官者致命的打击。唐懿宗晚年时，政出多门，路岩虽然年少，但官做得很稳固。后来突然失势，当年受过他迫害的人都来攻击他，就连那些趋炎附势之流，也在寻找机会找回心理平衡。于是，群起而攻之，众口一词，天下沸腾。

实际上，有高人早就预见到他的悲惨下场。早年，路岩还在淮南给节度使崔铉做部下时，崔铉认定路岩必然显贵。短短几年，路岩果然平步青云，从御史做到翰林学士。崔铉听到了这消息就忧心忡忡地说，路岩这么年轻就当了翰林，但他的官德不正，怎么能善终啊！崔铉最了解路岩的人品官德。路岩一路飞升达到显贵，在飞速向前的时候从不会顾忌到身后，在飞黄腾达时完全忘记了自己也有下台那一天。

失败之后没有反思，加速走向了灭亡。平步青云的路岩在被贬到西川后，并没反思自己的过失。他整日沉溺于声色犬马，寻乐于酒宴游玩，把军府大事全部交给两个亲信，让他俩先斩后奏。部下畏之如虎狼。有次大阅兵，两亲信在检阅台上商量事情却不说话，只写字条相互交换，并且看后马上烧毁。部下议论纷纷，都说此举有“异图”。路岩脱离部属的种种做派被人上告到朝廷。懿宗咸通十四年（873 年），他再次遭贬，次年被杀……也许，那两名亲信的举动是保守军事机密，即使稍有不妥也与路岩本人没有直接关系，但就是因为路岩的官德人品不佳，人们很自然将其上下关联，并一步步激化升级，最终将其置于死地。假如，他被贬到西川后，能反思悔过，多修官德，也许不会招致非议，更不会招来杀身之祸。

“政声人去后，民意闲谈中。”某些人在任时，高高在上，忘乎所以，一旦没了官、卸了任，才能真实地感受到他人对自己的真正态度和情感。许多为官者卸任后，遭受冷遇，只会感叹人走茶凉，很少去思考所有事件的因果，也不反思一下是不是自己在任时没有修好官德。

胡旦“神笔”神到什么地步

北宋王辟之在他的笔记《渑水燕谈》中讲到这样一则故事：某吏为一贵侯作传，早年贵侯是以杀猪为生的屠户出身，直笔实录恐不雅，若曲笔回避为其隐，又恐失实。于是请教老笔吏胡旦。胡旦告之：“贵侯早年操刀为业，即有主宰天下大志。”或曰：“贵侯少年时执刀，即令群猪丧胆；将军风度其时已露端倪。”读罢，令人叹为观止，不得不叹服胡旦的超强“策划”能力，贵侯的爱慕虚荣之情，以及当时竞相吹捧的腐败世风也跃然纸上。

胡旦何许人也？他是滨州渤海人，北宋太平兴国三年（978年）戊寅科状元，生于955年，卒于1034年。从故事中不难看出，胡旦是一个精通世故的“老油条”，久历官场的“官釉子”。某吏可能是因为从业不久，经验不足，良知未泯，所以才会陷入“直笔实录恐不雅，若曲笔回避为其隐，又恐失实”的尴尬境地。在此关键之时，老吏胡旦指点迷津，将贵侯早年拎杀猪刀这个习惯性的动作，说成魏武帝当年“魏王床头操刀者乃真英雄也”的“操刀”，并将杀猪宰羊这种在当年最下贱的粗活儿，美化成“主宰天下”的壮举。同样是一把刀，但杀猪宰羊之此刀，绝非魏武英雄之彼刀；

同样是宰杀，主宰猪羊性命的屠夫，也绝不是主宰天下的雄主。胡旦这种比拟虽然不合实情，但既没有弄虚作假，也没有违法乱纪，却能在无声无息之中给贵侯树起“光辉形象”。对于那位新手某吏来说，老吏胡旦之言真是醍醐灌顶，一言千金。

贵侯是一个爱慕虚荣的显爵高官。看起来，贵侯和这起策划毫无关联，但细想就能发现，其实贵侯正是这起事件的幕后总策划，又是他一手导演这场闹剧的始末，并且又是该剧最大的票房得主。谁让某吏写传，某吏又因何犯难，又如何恰巧遇到老谋深算的高人胡旦，并且能那样简单地得到他仙人指路般的点拨？把这一连串的疑点连接起来，不难得到答案：策划者就是贵侯。胡旦这位精通世故的“老油条”，正是因他不仅对贵侯的身份、地位、性情、喜好等都了如指掌，而且对官场风俗、世道人心皆烂熟于心，才能不费吹灰之力，信口支出此等高招。故事还描写了某吏和胡旦许多慎重讨好的心态和做法，都能看出贵侯此人，不仅身家显爵，更有高官和实权，同时也是一位喜欢被人吹捧、爱慕虚荣的伪君子。因此，才使新手某吏左右为难，也能让老吏胡旦极尽奉承之能事。

从文中读者既看到栩栩如生的胡旦，也自然而然地想到活脱脱的贵侯。可见，作者王辟之先生笔墨老辣、文字传神，最重要的是我们还看到了他那双雪亮的眼睛、那颗正义之心。王辟之所处的时代，政治腐败，官场上竞相吹捧。作者深入挖掘出活灵活现的人物事例，再加上个性化的语言，戏剧性的情节，辛辣的讽刺。王辟之通过这则妙趣横生的故事，把大宋开国（960 年）到哲宗绍圣（1094 年）年间北宋 130 多年的官场描绘得淋漓尽致。

苏绰与“朱出墨人”

西魏大统十二年（546 年），48 岁的大行台支度尚书、司农卿苏绰，终因“积劳成疾”而英年早逝。西魏丞相宇文泰（西魏的实际最高统治者、北周王朝的奠基人，追加帝号周太祖）万分痛惜，遵照苏绰平生清廉作风，在办理他的后事时“简约，所以彰其美也”。宇文泰率领满朝文官员，徒步一直走出同州远郊外为苏绰送葬。宇文泰还在他的灵车后，酹酒祭奠苏绰：“您和我互为知己，现在正想和您共定天，您竟然舍我而去，我该怎么办啊！”哭着哭着就情绪失控，哀痛悲号，不觉酒杯失手坠落在地。葬礼当天，宇文泰亲笔为苏绰撰写祭文，并派使者以最高礼仪致祭礼……苏绰之所以能得到锐意改革的周太祖宇文泰如此厚爱，确实是因为他作为近臣有其超人之处。

苏绰是南北朝时期西魏的政治家、思想家，当朝名臣，字令绰，京兆武功（今陕西省武功县西）人。周明帝二年（558 年）十二月，苏绰配享周太祖（宇文泰）庙庭。隋开皇元年（581 年），隋文帝杨坚下诏追赠苏绰为邳国公。

有次，苏绰曾随同北周太祖宇文泰和群臣到长安郊外的昆明池举行观看捕鱼和垂钓活动。当他们行至西汉仓池的遗址，周太祖就环顾众人询问西汉仓池的具体情况，当场没有一个人能答上来。有人向太祖建议：“著作佐郎（副秘书长）苏绰博古通今（‘博物多通’），可以把他请来咨询顾问。”太祖就连忙召苏绰前来。苏绰对太祖的提问，进行了精彩的对答。太祖喜出望外，接着就请教苏绰，从天地造化的开始，一直问到历代兴亡的规律。苏绰本来就博学多才，加上思维敏捷，又有很好的口才，因此“应对如流”。太祖更加高兴，于是和苏绰“并马徐行”到了昆明池，不等撒网下钩就和苏绰转身回宫了。太祖竟然打破人臣不得留宿宫禁的惯例，当晚留苏绰在他的寝宫进行请教。太祖向苏绰求教治世之道，也不顾君臣大礼，躺在床上听苏绰讲。苏绰向太祖讲述帝王治国之道，特别讲解了战国时法家的代表申不害和韩非的学说。太祖听得入迷后便起床，整理着装正襟危坐，态度特别郑重。太祖不知不觉，竟然把身体前移到苏绰的座位前，一直聊到天亮都没有倦意。早朝时，太祖向群臣表扬苏绰，说：“苏绰真是奇士，我正想把国家大事交给他处理。”立即任命为大行台左丞（相当于中央秘书长），参谋并管理军机国政等重要工作。从此，苏绰越来越深受太祖的信任和重用。

博学多闻正是苏绰成功的基础和重要原因。苏绰在善备顾问方面的确超过常人。因为决策者要思考国家大政方针，不可能对任何具体问题和学科都很精通。但决策者为了保证决策的科学，必须把决策中涉及的具体问题提出来向身边人咨询，称之为“顾问”。为决策者服务的工作人员，首先就是要准确应答决策者所咨询的问题。然而，决策内容涉及方方面面，决策者咨询的问题、方式，甚至时间和地点都有极大的不确定。因此，就要求为决策者提供服务的工作人员必须有博学多才的功底，才能像苏绰一样“应对如流”。

大统十年（544年），苏绰被任命为大行台支度尚书、领著作（主管秘书工作），兼司农卿。周太祖想推行改革，争取在南北朝激烈的政治、军事竞争中胜出。于是，他便重用苏绰，苏绰也竭忠尽智辅佐太祖完成改革大业。

苏绰以西魏的弊政为突破，以强兵富国为目标，为太祖改革提出“治心身、敦教化、尽地利、擢贤良、恤狱讼、均赋役”（修身养性、道德教化、生产富民、人才选拔、法律公正、税役分配）六条建议，并以此草拟出这项改革的制度化法令，史称《六条诏书》。太祖命人将《六条诏书》题写在匾额上，竖立在他的宝座上首的显要位置（“座右”），并且要文武百官人人做到熟读成诵，烂熟于心，不能准确运用这项法令者不得为官。后来，周太祖作为丞相陪同西魏皇帝祭祀太庙，文武群臣全部到齐，便命令苏绰起草皇帝的祭文（“《大诰》”）。太祖批览叹为观止，赞叹道：“钦哉！”遂下令：“自此以后，文笔皆依此体。”此文一扫魏晋以来竞相浮华的不良文风，而提倡树立言之有物、古朴率真的好文风。苏绰还奉命依据《周礼》改定官制，然功犹未成而他却英年早逝。

建言献策要根据时代发展，符合当时的实际。苏绰正是抓住当时国家锐意改革，励精图治的大势，提出了既具有高瞻远瞩的国家战略，又特别便于操作的具体规章制度。因此，得到了决策者的赞赏，经受起了历史的考验。再加上，他的文字简明，文风朴实，便于国家法令的推广和实行，遂成为开一代文风之先河的经典之作。

苏绰还创造了便于操作的信息统计账册和便于上传下达的公文

格式，深受当时国家最高决策者周太祖宇文泰的赞赏。苏绰少年就很好学，博览群书，特别精于算术（“尤精算术”），这为他后来创新统计账表等方面的工作奠定了基础。他在出任大行台支度尚书(类似于财政部长兼央行行长)、司农卿（农业部长）期间，特别要求要有精确的政财收支账册和人口户籍登记表，既是自己本职工作所需，也要为周太祖的决策提供参考。

于是，苏绰作为“朱出墨入”的始祖，开创了中国户籍登记与财务记账法则。苏绰始创的“方案程式”，首次统一了记账、户籍的内容与规格，既科学准确，又便于操作。因此深受后世推崇，对隋唐时代的经济和社会发展起了很大作用。

“朱出墨入”，就是用红色与墨色分别记录收支情况。这一记账方法后来也演变为公文格式，成为沿用至今的文案程式。“朱出墨入”指的是朝廷发出的公文是用红色“朱标”题目，各级向上呈报的公则是用墨书题目即“墨标”。至今，此法格式已经被沿用了1500年仍为规范。

此法的户籍人口是按户统计，每户之籍先列户主于前，之后逐一登记该户全部成员及其依附人口（奴婢等）的姓名，所有人员必须登记其性别、年龄、丁种（主、民、奴）等情况，并登记其各自应受田之数、应纳租调数额。而后一户作一总计，分类统计应交纳的租调数。若干启为一汇总。再按行政区划为单位，再作一总的统计。这种户籍与记账法，对当时做好国民经济收支、军费开支等都发挥了重要作用，因此备受太祖赏识，并把此法作为做官的重要条件。

准确的信息是科学决策的基础和先决条件。苏绰开创此法破解了有史以来制约统计和记账准确有效性的瓶颈，为周太祖制定国家大政方针提供了重要参考依据。因此，他的这种工作方法受到肯定并被推广，他本人也因此得到信任和重用。以至太祖每次外出时，都事先给留守办公的苏绰署名几份空白文件，供他在急用时先行颁布。

裴行俭何以有知人之鉴

唐高宗永淳元年（682年）四月，刚刚被任命为金牙道行军大总管的礼部尚书裴行俭逝世。

裴行俭长期担任行政和军事长官，是初唐著名的政治家、军事家。《资治通鉴》对他盖棺论定："行俭有知人之鉴。"新旧两唐书和相关史册对他的"知人"之处均有详尽记载。当年他在知吏部选事时，王勃、杨炯、卢照邻、骆宾王四人皆以文章而名满天下，史称"初唐四杰"。与裴行俭同掌选事的李敬玄就向他推荐这四人，并且认为这四个人必将官位显赫、仕途通达。裴行俭却认为："读书人要想有远大前程，应当先器识而后才艺。"并且断言："王勃等四人虽然看起来很有才华，却浮躁浅露，怎能成为享有高官厚禄的大器之人！四人之中的杨炯相比之下稍微沉静，应该可以官至令长；其余三人至死如果能得令职官级都是侥幸啊。"果然，王勃不久渡海溺水而亡；杨炯死在盈川令的职任上；卢照邻患"恶疾"不愈，投江自尽；骆宾王参加徐敬业反叛被诛。相反，他认为王勮（王勃的胞兄）和苏味道二人："二君后当相次掌铨衡。"果然"皆典选（主管人事）"。

这几位风云人物的命运和结局，“如行俭言”。裴行俭的料事如神，缘于他识人之鉴。而他的知人之鉴又是从何而来？

《旧唐书》记载，裴行俭特别精通阴阳、算术，同时具备对人生世道的深刻认识，不论是主管全国官员的人事，还是做一个方面的总管，只要遇到贤良俊杰，“无不甄采”，每次出征打仗都能比作战计划提前告捷。

高宗咸亨（670 年）之后，他与李敬玄、马载同掌选事十余年，甚有能名，时称“裴李”“裴马”。裴行俭在铨掌选事方面有许多制度上的创新。他制定了“长名姓历榜”（官员简历），“引铨注”（考核登记表）等官吏管理制度，还创立了“州县升降”（地方官任免升降）、“官资高下”（官员资历标准）等办法。他结合自己“掌选”经验，写出了一部关于官员考核任免方面的专著《选谱》。

另外，裴行俭还是当时著名的书法家。因他“工于草书”，唐高宗李治曾慕名给他送去素绢百卷，请他以草书书写《文选》一部，完成之后御览称善，赏赐给他帛五百段。裴行俭常对人说：“褚遂良如果选择不到精工细作的笔墨，是不会动笔的，能做到不选择笔和墨的好坏，而能随意书写达到‘妍捷’（书体妍美，书写敏捷）者，当朝只有我和虞世南而已。”他在书法理论方面造诣也很高。他结合自己的草书实践和理论，撰写了一部书法理论的鸿篇巨著《草字杂体》。

高宗仪凤四年（679 年），突厥十姓可汗阿史那都支以及李遮匐煽动部落骚扰安西，并同吐蕃结盟对抗唐朝，朝廷准备征讨。裴行俭奏议：“吐蕃跋扈蛮横，正处强盛时期，李敬玄、刘审礼二将征讨先后失利，西部边境不宜再出事端。现在波斯王新故，其子泥涅师在长安，朝廷可派遣使者送泥涅师回国继承王位，取道突厥、吐蕃两国，再用计谋处置，可以不必动用军队征讨就能成功。”高宗于是命令裴行俭带上诏书护送波斯王，并任安抚大使。

穿越莫贺延碛沙漠时，飞沙走石，向导迷路，将士们饥饿疲劳。裴行俭经过勘查，告诉将士说：“水泉不远。”很快云散风静，几百步内，泉水丰沛。裴行俭又制造假象说：“天气太热，不能前进，等秋后再出发。”叛军闻讯亦不设防。裴行俭从容地召见龟兹、于阗、疏勒、碎叶四镇的酋长，邀约打猎，对他们说：“我爱打猎，谁愿意跟我去打猎?”上万名贵族子弟踊跃报名参军。他带领这支新军火速前进，离阿史那都支的营帐十多里时，先派他的亲信去问安，表现得很轻松，又派人召见阿史那都支。阿史那都支原本以为唐军秋后才能到达，却突然得知唐军兵临城下，只得率领五百多个下属人员到裴行俭的大营拜见，被当场捉拿。当天，裴行俭派人拿着阿史那都支的令箭，召集各部族酋长来降，将所有叛将悉数押送长安。军官们在碎叶城为裴行俭平叛勒石记功。高宗亲自设宴为裴行俭庆功，并说：“卿文武兼资，今故授卿二职。”任命他为礼部尚书，兼检校右卫大将军。

裴行俭曾命令药师配制方剂，药师却不慎将刚领取的犀角、麝香等特别名贵的药材遗失了，因害怕而偷偷逃跑。皇帝赐给裴行俭骏马并配有崭新的宝鞍，部下立即试驾，却致人仰马翻，摔破了宝鞍，试驾者也因此逃亡。裴行俭特意安排亲信，把他们找到并语重心长地说：“你们都是因为不小心而犯了小错，怎么能这样自暴自弃呢!”随后待之如故。

裴行俭率军大破阿史那都支叛乱后，缴获颇丰。其中，最为瞩目的是一口玛瑙盘，直径二尺多，堪称世间珍宝。庆功宴会上，裴行俭将这口宝盘拿给将士观赏。部将王休烈乘着酒兴捧盘登阶失足，摔碎了玛瑙盘。全场鸦雀无声，王休烈吓得叩头流血。裴行俭却微笑着对他说："你不是有意损坏，不至于这样！"没有对宝盘表示出丝毫惋惜之情，并且奏请朝廷把所有缴获的金器等贵重物品，以及价值相当的战马牛羊悉数分给部下。

裴行俭作为将帅，选用的偏将和吏员后来都成为一代名将。部下中后来成为刺史、将军的多达数十个。他们行赏处罚的风格都和裴行俭很像。

肆　清廉公正

武则天为何感叹“朝堂空矣！”

武周久视元年（700年）九月，内史狄仁杰病逝，终年71岁。女皇武则天闻讯，哭道：“朝堂空矣！”追赠文昌右相，谥号文惠，为之罢朝三日。武则天对狄仁杰的信任和敬重远远超过满朝文武，常尊称他为“国老”，从不直呼其名。狄公逝后，每当有朝廷大事不能决断时，武则天都会叹道：“老天为何过早夺走我的‘国老’啊。”

狄仁杰早年考中明经科，历任汴州判佐、并州都督府法曹、大理丞、侍御史、度支郎中、宁州刺史、冬官侍郎、文昌右丞、豫州刺史、复州刺史、洛州司马，天授二年（691年）之后，两度入阁拜相。平生以忠直、清正、不畏权贵著称于世，深受武则天器重。

武周圣历元年（698年），庐陵王（唐中宗李显被废后的爵位）被人从房州秘密送回神都洛阳。一日，武则天在一间密室中召见狄仁杰，让他坐在御阶下。武则天坐在帘后，特别严肃地对狄仁杰讲道：“皇位到底传给谁，就在您一言，如果您说得符合朕心意，那正好是两全其美，如若不合朕心，您和您所拥戴的皇位继承人都得毙命！”

狄仁杰从容对答道："听陛下所言，皇位是由您来决定是谁来继承。可是以臣看来，这是太宗皇帝的皇位，您怎么能占有呢？太宗皇帝冲锋陷阵，治理天下，从不叫苦叫累，正是为了传位给他的子孙，难道是为了传给武三思吗？陛下您本身就是高宗的皇后，当年高宗病重暂且让您代理国政，高宗驾崩后，您理应还政于高宗的太子，但您却把持皇权十多年。现在到了您传承之际，还用重新商议由谁继承吗？"听到这里，武则天抽泣不已，命左右打开帘子，双手拍着狄仁杰的脊背，高喊："您不是我武则天的臣子，您是永保大唐社稷的重臣啊！"武则天召庐陵王上殿，转身对他说："拜国老，今日国老与尔天子！"

一次，太后问狄仁杰，"朕想选一位优秀人才重用，您觉得谁可以啊？"狄仁杰追问："我不知道陛下要如何任用？"太后答道："朕想用作将相。"狄仁杰答道："论才华和修养苏味道、李峤应当很合适了。陛下如果一定要选用一位特别优秀的人才，那就只有荆州长史张柬之，他虽然年纪大，却有宰相之才。"很快，太后任命张柬之为洛州司马。过了几天，太后又让狄仁杰举荐官员。狄仁杰就问："前日臣所荐张柬之，还可任用？"太后答："朕已经将他提升了。"狄仁杰答："臣所荐的人是可以担任宰相的，而不是司马啊。"张柬之随后被升任秋官（刑部）侍郎，很快就升位宰相。狄仁杰还先后举荐了夏官（兵部）侍郎姚崇、监察御史桓彦范、太州刺史敬晖等数十位优秀官员，后来都成为一代名臣。难怪当时人们都称赞狄仁杰："天下桃李，悉在公门矣！"

唐高宗仪凤元年（676年），左威卫大将军权善才、右监门中郎将范怀义二人因失误而砍伤了唐太宗昭陵园区的柏树。高宗龙颜震怒，要处死他们。朝堂之上，狄仁杰却当众反驳皇帝，坚持认为二人罪不至死，不应判死罪。唐高宗愤怒地指责："他们二人的行为，已经让朕成为不孝之子，必须杀了他们。"狄仁杰回答："汉朝时有人盗取高帝庙中玉环，汉文帝想要灭其族，张释之却反问说：'假如盗取了长陵的陵土，将如何按律加其罪？'盗玉环罪行只能杀盗玉环者一人。国家法律悬挂在宫门楼上，法律规定本来就有差别等次的，罪不至死而治其死罪，这没有道理。如果今天以误砍一株柏树，就杀掉二位大臣，后世将如何评价陛下呢？"于是，高宗免去了二人的死罪，狄仁杰也被授任为侍御史。

调露元年（679 年），司农卿韦机督建宫殿，竣工后百官庆贺。唯独狄仁杰弹劾宫室太过壮丽，韦机因此被免官。接着，狄仁杰又弹劾左司郎中王本立自恃恩宠飞扬跋扈，奏请将王本立交付法司立案审理。高宗下诏免罪，狄仁杰却坚持说："朝廷虽然缺乏人才，但不缺这种害群之马。陛下为何要以爱惜人才为名，而置王法于不顾！如果一定要宽宥王本立，就把我贬到荒野之地，给日后忠臣作警示！"高宗无奈只好将王本立治罪。

“风月堂”前赞徐勉

南朝梁武帝天监六年（507年）一个风清月朗的夜晚，吏部尚书徐勉同来访的门生茶叙。畅谈正至兴处，有一门生趁机恳求恩师帮助他谋求詹事五官一职。徐勉听罢很严肃地说：“今夕止可谈风月，不宜及公事。”不仅语惊四座，而且名重当时，甚至成了千古佳话。徐勉的后人为了纪念他“止谈风月”的风范，特将宗祠堂号定为“风月堂”。

徐勉（466—535年），字修仁，今山东省郯城县人，幼年丧父，家境贫寒，从小就磨砺出坚强好学的意志和清廉的气节。六岁那年，家乡大雨多日不停，徐勉就为乡亲写了一篇祈求雨停天晴的文章，受到乡邻中德高望重者的称赞。他长大后专心好学，最初考取国子生。太尉王俭任国子监祭酒，经常称赞徐勉有宰辅丞相的才能。通过由吏部主持的全国统一大考，徐勉补任西阳王国侍郎，不久迁任太学博士、镇军参军、尚书殿中郎，后因公事免官。再之后，复出任中兵郎、领军长史。

梁朝天监年间，徐勉主掌吏部。吏部是当时主管全国组织人事工作的最高机关，徐勉身为吏部尚书，掌握着全国官吏的升迁罢免大权。在买官卖官、跑官要官盛行的古代，特别是南北朝这样的乱世，官场各种交易甚至公开进行，加之当时士族制度盛行，恩公（主公）与门生故吏世代交际成风，因此，很多人与徐勉拉关系、套交情，妄图谋得官职。徐勉“止谈风月”一语，在当时黑暗混乱的官场中不啻一声惊雷，颇有激浊扬清之效。徐勉当众驳斥了一个人，维护的是全国官吏选拔的公平正义，因此赢得天下赞誉，“故时人服其无私”。史载：“勉居选官，彝伦有序。”日后他能官至中书令，并且名垂千古也都是情理之中的事情。徐勉任主考官，处理各种关系井然有序，既有文才，又有口才，文牍堆满几案，同时接待很多客人，应对如流，手里还挥笔不停地批阅文件。

徐勉被梁武帝破格提升为重臣，所以对武帝竭忠尽力。只要接到工作，无论分内分外都全力去完成。他通晓经史子集，对于朝廷礼仪、国家典章、全国的婚丧嫁娶等礼仪制度，皆参与策划、制定或者修订，为后世建立典章制度发挥了重要作用。因当时的起居注（皇帝的言行录）太繁杂，徐勉对之加以删简，撰成《流别起居注》六百卷，又写《左丞弹事》五卷；此外，还撰写《选品》五卷、《太庙祝文》二卷、《会林》五十卷。其著述前后二集共四十五卷，又撰写《妇人集》十卷，都流传后世。

其实，徐勉的可贵之处远不止这些。天监初年，梁朝草创，天下未定。四方动荡之际，徐勉出任给事黄门侍郎（齐、梁以后，因执掌诏令，备皇帝顾问，日渐位高权重）、尚书吏部郎，参掌大选。此时梁武帝又兴师北伐，朝中军国大事繁重。秘书出身的徐勉，极有文才，而且奉公勤勉。为确保军令畅通，梁武帝任命徐勉“参掌军书”，协助皇帝主管全国军事机要文件。工作繁忙时，徐勉便日夜留守宫中或者军中，十多天才能回家一次，以至于他的家犬竟然都不认得自己的主人，惊吠不已。对此，徐勉感慨万千地说：“吾忧国忘家，乃至于此。若吾亡后，亦是传中一事。”（“我因忧劳国事以至连家都顾不上回，我死后，如果后人能为写我传的话，‘群犬吠主’倒是件值得一记的趣事。”）

史书记载，徐勉虽然身居高官显位，但从不经营产业，家中没有什么积蓄，他的俸禄还要分出大部分来接济亲戚和宗族中的贫困户。同僚和亲友看到他家如此清贫，便好心劝他为子孙后代经营点产业。徐勉回答说：“人遗子孙以财，我遗之以清白。子孙才也，则自致辎軿（古代车名）；如其不才，终为他有。”

徐勉给儿子徐崧的《诫子书》中说：我家原本就有清正廉明的好家风，因此经常过着贫穷朴素的生活，至于经营产业的事情，我不但从来没有做过，也从未谈起过。古人说，将清白家风遗留给子孙，不正是给后人很丰厚的遗产吗？古人还说，留给后人满箱黄金，不如传给他们一部经典。仔细琢磨这些话，确实不是虚言妄语。我虽然生性不算聪明，但确实有这种志向，希望能够遵循、奉行古人这个教诲，从不敢坠志失足。希望你能真正理解和体会我的志向，则我此生也就没有什么遗憾了。

大同元年（535 年），徐勉去世，终年 70 岁。梁武帝闻讯，老泪纵横，当天便去祭奠，下诏赠特进、右光禄大夫、开府仪同三司，追谥简肃公。大同三年（537 年），前任佐史、尚书左丞刘览等向朝廷陈述徐勉生平事迹，请求刊石立碑以纪念他的功德，梁武帝优诏赞许。

“一毫不妄取”的刘恕

北宋熙宁五年（1072 年）初，司马光收到一件特殊的包裹，打开一看，竟然是自己的一件旧棉衣。睹物思人，司马光不禁老泪纵横。

熙宁四年（1071 年），司马光离开开封到洛阳任分司西京御史台。不久，他的学生和助手刘恕也请旨，和司马光共商编纂《资治通鉴》。正值隆冬，刘恕单衣北上。师生相见，司马光见到刘恕竟然一身单衣，立即取出自己的旧棉衣给刘恕披上。刘恕不便推辞，只好先披在身上。后来，刘恕南归刚走到半道上的颍州，就脱下这件温暖的棉衣，托人捎还给恩师司马光。不久，刘恕就因风寒患上风湿病。几年后，刘恕病情加重，不幸早逝。司马光痛心不已，评价刘恕“生活清贫，为官清正”。刘恕经常说：“人活在世上，就像客人住旅馆，离开旅馆时不能带走旅馆的任何物品，岂能接受别人的馈赠就随意带走？”刘恕的言行，正合《宋史》对他的评语：“一毫不妄取于人。”

一般人看来，退还他人的贵重物品尚可理解，但刘恕退还的却是一件不值钱的旧棉衣，何况还是自己恩师的，这就不是一般人能做到的了。刘恕是司马光主持科考时亲自选拔的人才。仁宗皇祐元年（1049 年），18 岁的刘恕参加进士科考试。恰巧，司马光任贡院点检试卷官（主管审核阅卷的官员）。试题是从《春秋》《礼记》中列出二十道题目，刘恕答题精准而有见地，在一众考生中脱颖而出。考官大为惊异，擢为第一名。发榜之时，揭去糊名弥封，考官们才知道名列第一的答卷是出自刘恕手笔。司马光非常赞赏才子刘恕，刘恕也久仰司马光这位前辈，师生二人遂一见如故。连续科考多场，刘恕过关斩将，进士科成绩也列为高等，发下国子监试讲经义，成绩仍是第一，仁宗遂赐他进士及第。

宋英宗治平三年（1066 年），司马光奉诏编修《资治通鉴》，并且组建史局（编纂史书的班子）。司马光向皇帝奏请："朝廷之中的研究机构（馆阁）文学之士很多，但是专业精研史学，唯有和川令刘恕一人而已！"英宗准奏。于是，司马光如愿以偿地荐得最得力的助手。果然，刘恕博闻强记，正史之外，小说、杂记也无所不览，他对浩如烟海的史料竟然如数家珍。每当司马光遇到难以取舍的史料，必定要交给刘恕研究整理。刘恕编书期间，经常加班到半夜，只能吃点剩饭残羹；夜里躺下，还在思考编书中的问题，经常彻夜不眠。他对司马光一直坚持敬行门生之礼。司马光评价他们的关系："我得到刘恕，就像两个相依为命的盲人一样。"神宗元丰元年（1078 年）九月，刘恕因病逝世，享年 47 岁。刘恕去世六年之后，《资治通鉴》才得以最终完成。司马光率史局同僚进呈该书，奏章之末仍然特别加署上"同修・秘书丞刘恕"的名衔。

《资治通鉴》通篇贯穿着"修身立德，戒奢崇廉"的编辑思想。这也正是作为同修和"全局副手"的刘恕的毕生追求。刘恕为人廉洁刚直，从不和人谈论是非，很有其父之风。其父刘涣，与欧阳修既是同乡，又是同年进士，更是好友，初为县令，后归隐山林，在庐山种蔬自给，淡泊明志，享有盛名。欧阳修十分景仰他的气节，专门作诗《庐山高》加以赞赏。刘恕曾当过巨鹿主簿及和川县令，史书说他为官严格执行法令，严格要求部属，关爱孤寡老人，严厉打击当地豪强恶霸，“纤细曲直，可为后世法”（就连处理的细小问题，都能成为后世学习的榜样）。当时精明强干的官员都自叹不如。他为人处世坚持当面批评，对就说对，不对就说不对，“议其得失无所隐”（评议官员功过从不隐晦）。他对善良之人就像亲兄弟，而对奸邪之人则如有深仇大恨。他家境贫寒，但为官清正廉洁，深受百姓爱戴。

刘恕历任婺源县令、和川令，官至秘书丞。因患风湿病，他右手右足偏瘫，仍然坚持修书不辍，最终因公殉职。他在协助司马光修史时，所有天文历法、地理方志、官职文书、世系家谱，乃至历代的公文都取来与书稿相互对证。为了查阅资料，他经常奔波数百里，亲自去藏书之家，借阅手抄，几乎废寝忘食。得知时任亳州知州宋次道藏书丰富，刘恕就特意绕道来到宋家借阅。主人见贵客临门，就置办酒席准备款待刘恕。谁知，刘恕却严厉批评热情好客的主人，说：“难道我刘恕就是冲着你这些美味酒食而来吗？这些名堂特别耽误我的正事！”他让主人把美食全部撤去，把自己独自关在书房，夜以继日边阅读边抄写。就这样坚持了十多天，刘恕将主人的藏书全部查阅抄录完才离开。因为操劳过度，他自此患上眼病。宋代大文家学苏轼曾赋诗称赞刘恕“十年闭户乐幽独，白金购书收散亡”。这或许是对刘恕人生风采的最生动写照。

从一条鱼看古人清风

《后汉书·羊续传》记载：南阳太守羊续有个下属见太守大人生活十分清苦，就给他送了条当地的鲜鱼，让羊续改善伙食。羊续不便当面谢绝好意，无奈地“收下”。不久，这位下属想再送一条鲜鱼加深“感情”。不料，羊续却将他叫到后堂，指着早已风干的那条“鲜鱼”，诚恳地说：“你前几日送的鲜鱼还悬挂在那里。”下属自觉羞愧难当，从此不再送鱼。羊续悬鱼目的有二：一是警示自己不能收鱼；二是告诫别人不能送鱼。此后，南阳郡百姓无不盛赞这位“悬鱼太守”。明朝名臣于谦赋诗称赞：“剩喜门庭无贺客，绝胜厨内有悬鱼。清风一枕南窗下，闲阅床头几卷书。”

羊续在南阳任太守多年没有回家。家乡遭灾，妻儿逃难到南阳投奔他。羊续带着妻儿来到自己的居室。妻儿看到，羊续的整个家当不过是一身麻布衣服和几升口粮、一把食盐而已。羊续无奈地说：“我并非薄情寡义之人，但只有这点东西，拿什么来养活你们母子？”妻儿只好又到别处逃难去了。

汉灵帝中平六年（189 年），朝廷准备任命羊续为三公之尊的太尉。按照当时惯例，所有升官的人，都要向宦官送上千万的礼钱。羊续却让前来宣旨的宦官坐在破旧的单席上，撩起自己身上已经破得掉絮的旧棉袍说：“我的全部家当，不过这件棉袍！”这个宦官扫兴而去，羊续因此未能位晋三公。不久年仅48岁的羊续英年早逝，遗言要求薄葬，不接受朝廷赐赠。按当时习惯，二千石级别的高官去世，朝廷要赠一百万钱的丧葬费。然而，羊续的府丞焦俭严格遵照遗嘱，未取一文钱。

在羊续之前，古人拒鱼的佳话也已有之。《韩非子·外储说右下》记载：鲁国宰相公孙仪特别喜欢吃鱼。官民争相买鱼送到他府上，公孙仪却从不接受。府上的人感到不解，问道：“您喜欢吃鱼，却为何不接受别人送来的鱼呢?”公孙仪回答说：“正因为我爱吃鱼，所以才不接受别人送的鱼。如果我收了他们送的鱼，就会迁就他们，可能因此而徇私枉法，我的国相之职也会被罢免，到那时，我再想吃鱼，人们也不会再送给我。如果我不收他们送的鱼，国相之位就不会动摇，即使靠我自己的官俸，都能保障我有足够的鱼吃。”

羊续悬鱼之举，也为后人所效法。《北齐书·苏琼列传》记载，南清河太守苏琼上任伊始，已卸任的乐陵太守赵颍抱着两个新瓜送上门来。苏琼先是不肯收，赵颍再三坚持，苏琼只好收下，却将两个新瓜置于议事厅门梁上不吃。后来又有不少前来送礼的人，走到门前，一看到赵颖送的那两个瓜还在那里，便打消了再送礼的念头。

《永平府志》记载：清代高占魁初到沾化任知县。沾化临海，水产丰富，渔民富裕。此前，渔民每天出海归来都要给官府送鱼，百姓世代相传，历任官员都习以为常。但高占魁上任伊始，就革除了这一恶习。有人劝他说：沾化县渔产丰饶，价格便宜，作为地方官，每天吃一条鱼不算什么。您何必不近人情呢？高占魁说："县令吃一条鱼，下属就得每人吃一条鱼，县衙的差役每人也得吃一条鱼。照这样算下来，恐怕每天上百条也不够官府吃。我怎么能带这个坏头呢？"

鱼是中国传统美味，南北均有，各地皆出，营养丰富，老幼皆宜。公孙仪正是因为嗜鱼而拒鱼，既表现出他清高的气节，又体现了高超的政治智慧。羊续悬鱼既成为千古佳话，又为后世树立起了一个道德标杆，后代悬瓜、悬丝之辈皆难以望其项背！高占魁拒鱼之事，仅见录于地方州志，其风采却不逊于前辈半分。纵观各位拒鱼之举，皆是从细小处着手，却彰显着彪炳千秋的道德力量。他们的拒鱼之举，都是限制了自己的口福，克服了自己的食欲，损失了一点物质，却获得了百姓的口碑和千秋史册的称颂。这种精神上的收获是任何物质也无法换来的。

法官离任犯人为何痛哭

初唐有一位执法公正的法官叫唐临。他大约生于隋文帝仁寿元年（601年），卒于唐高宗显庆五年（公元660年），京兆长安（今陕西西安）人。

武德九年（公元626年），唐临出京外任万泉县丞（县令的副职，主管全县司法的长官）。刚到任，他发现该县有罪刑较轻的在押人犯十多名。时值春季，傍晚时分经常下雨，唐临就请求县令暂时放这些轻刑犯回家春耕。县令不同意。唐临再三恳请道："明公若不放心他们按时回监，到时我唐临替他们顶罪。"县令这才同意犯人请假回家。唐临让犯人先回家抓紧农时完成耕种，并和他们约定时限，要求务必按时回到各自关押的监舍。犯人对唐临的宽大都感恩戴德，到约定日期全部回到监狱。唐临因此名声大振。

唐临生活节俭，不求私欲，不修建府第，衣物用具都很简朴，待人宽宏大量。他曾准备参加友人葬礼，让家仆回家取白衫（治丧专用的礼服），家仆误拿了别的衣服。唐临竟然和蔼地说："我今日感觉呼吸不畅，不适合临丧哀悼哭祭，刚才想让你回家取白衫，现在不必取了。"还有一次，药工为他炮制药品，不料却配错了药，十分担心受到处罚。他却劝慰药工说："今日阴天，不适合吃药，先把这药扔了吧。"

后来，唐临升为大理寺卿。一次高宗亲自审查死刑囚犯罪状。此前大理寺卿判决后，犯人常喊冤叫屈。但高宗却看到，唐临判处的犯人个个默不作声。高宗奇怪地追问原因。囚犯回答："案卷上的罪行确实是我自己犯下的，唐大人是按照法律公正量刑定罪。唐大人公正执法，使我无冤可诉。"高宗感慨良久："法官都应当像唐临这样啊！"唐临公正判决，把法律的正义性落实到具体的断案中，博得朝廷的赞誉。

初唐还有位著名的法官戴胄，他以"执法不避公卿，国戚为之束手"而著称于世。一次，吏部尚书长孙无忌进入东上阁时，没有按照规定解下佩刀，违反了卫禁律（宫廷安保法令）。尚书右仆射封德彝的判词是："东上阁监门校尉失职，罪当处死；长孙无忌因失误而带佩刀入宫，罚铜二十斤。"戴胄坚决反驳道："校尉没有察觉与无忌佩刀入内，都是一时疏忽所致。朝廷若念长孙无忌功勋，从轻处置，就是非法。若依法处罚长孙无忌，处罚区区二十斤铜，太失公允。"满朝君臣看到戴胄义正词严，都表示："法律乃是天下共同遵守的，怎能因为无忌是皇亲国戚而不执行？"戴胄又道："校尉因无忌而获罪，根据法律，处置应当从轻。至于说到他们的过错，其实是一样的。我认为应该改判。"最终免除了校尉的死罪，同时加重对长孙无忌的处罚。

戴胄生性刚正，不仅对法律规章制度和公文了如指掌，更胸怀大局，严格执法，无论王公还是小吏，他都能一视同仁。在他执法期间，全国上下冤案大大减少。

贞观七年（633 年），戴胄病逝。唐太宗为之罢朝三日，追赠他为尚书右仆射、道国公，赐谥号为“忠”，命虞世南为他撰写碑文。唐太宗见他住宅简陋，怕没有地方进行祭祀，还特地命人为他修建祠堂。

武周时期，有位著名的法官叫徐有功。他历官蒲州司法参军、司刑（大理）寺丞、秋官（刑部）郎中、侍御史、司刑寺少卿等。他任法官期间，执法审理大案六七百件，为上万蒙冤者平反。他先后做法官 15 年，三次被诬告死罪，又三次被赦，却泰然自若，复出后仍然坚持公正执法，连武则天都为他的人格魅力所折服。《唐语林》记载：徐有功曾经和当朝著名的酷吏皇甫文备共同审理案件，因为意见相左竟然被诬陷为叛逆大罪。后经朝廷核查后，徐有功才幸免于难。不久，有人告发皇甫文备。审理皇甫文备的案子正好落到徐有功手上，没想到徐有功按照法律从轻发落。别人大惑不解地问：“就在前不久，他差点将您诬陷致死，现在好不容易落到您手上，您怎么还想着为他开脱罪责？”徐有功心平气和地说：“您所说的是私人恩怨，我所坚守的则是天下的公理和国家的法律，怎么能以我的私人恩怨损害公理正义呢？”（“汝所言者，私忿也；我所守者，公法也。安可以私害公？”）《新唐史》评价徐有功称：武周十多年间，天下执法的官员没有人能够和他相比。（“虽十岁未见其比。”）武周长安二年（702 年），徐有功去世，朝廷追赠他为大理寺卿。

唐临、戴胄、徐有功三人都是初唐时期公正法官的代表，尽管履历先后有差，官位名号略有不同，却都生性刚正、大公无私，能以各自独到的方式严格执法，成为初唐时期乃至中国历史上著名的法官，彪炳于千秋史册，为世人所景仰。他们的人格无疑是高尚的，而高尚的人格使得法律的执行更趋于理性与稳定，也更能感染世人。他们为贞观之治谱写了精彩的篇章，同时为盛世之法作了生动的注解。

范仲淹之忧何忧

北宋庆历六年（1046年）九月十五日，范仲淹面对复修竣工的岳阳楼图卷，发出了“居庙堂之高则忧其民，处江湖之远则忧其君”“先天下之忧而忧，后天下之乐而乐”的千古绝唱，写就《岳阳楼记》这一千古名篇。综观范公一生，以天下为己任，为官清廉，体恤民情，可以看出他的“先天下之忧而忧”的感叹绝不是一时兴起而发。范仲淹此忧何忧？此忧何来？

生于忧患的范仲淹，从小立志济世。范仲淹幼年丧父，因母亲谢氏改嫁被带到继父朱家，生活苦难至极。求学时，他每天煮两升粟米粥，因为太稀无法果腹，只好等粥冷却后，切成四块，早晚吃两块充饥……在如此艰难的时刻，少年范仲淹不是忧一己之得失，而是心忧天下。他当时就立下“不为良相，便为良医”的志向。无论是良相还是良医，都是以济世救民为旨归的。

他立心忧天下之志，即坚持不懈地去奋斗。在应天府书院，他五年未尝解衣就枕，“昼夜苦学”。有位同学家境殷实，对范仲淹非常敬佩，于是就把他的情况告诉了父亲。同学的父亲便派人送给范仲淹一份丰盛的饭菜。范仲淹婉言谢绝了这番美意，他说：“我已经吃惯了粥，一吃这样的美食，恐怕就再也吃不下冷粥了。”大中祥符八年（1015 年），26 岁的范仲淹考中了进士，开始步入仕途。

王辟之《渑水燕谈录》记载：范仲淹早年出任邠州知州，有一次在公休假日，带领全体同僚到郊外聚会。正要开宴之时，只见远处有人哭天抹泪。范仲淹立即让人打听缘由。原来，一名外地的读书人客死在当地，其家属准备就近安葬，却因贫困置办不起棺木葬具……范仲淹闻此，退掉酒席，当场带头募捐，将死者妥善安葬。在场的人无不动容。

乾兴元年（1022 年），黄海防堤年久失修，汛期潮水涌入，大片良田渐次沦为盐碱滩，流离失所的灾民成千上万。天圣二年（1024 年）秋，兴化（今江苏兴化）县令范仲淹见此惨状，上报朝廷修复海堤。范仲淹亲率民夫，赴海修堤。不料，一场大海潮吞噬民夫百人。范仲淹临危不惧，坚守护堰之役。经过几年艰苦卓绝的努力，绵延数百里的防海堤把惊涛骇浪锁在黄海之滨。流亡多年的灾民返回家园。为了纪念范仲淹的功绩，世人把此海堤叫作“范公堤”。

天圣四年（1026 年），范仲淹母亲谢氏逝世，范仲淹回家服丧。当时他居住在南京（今河南商丘），应邀帮助训导全国最高学府——应天书院。一次，他遇到一个游历的学生孙复，见此学生学识不凡，就当场资助千文钱。第二年，孙复又来找范仲淹。范仲淹再次资助千钱，并劝他安心求学。孙复道出无力赡养老母的苦衷，范仲淹又帮他在书院找到一个打杂的差事，可以边求学边干活。此后，孙复跟着范仲淹攻读《春秋》，十年之后，成为名满天下的学者。范仲淹一生帮助、培养的人才又何止一个孙复？胡瑗、李觏、张载、石介等人都是经范公指点成为国家栋梁之材的。

《宋史》记载：范仲淹“好施予，置义庄里中，以赡族人”。历史上第一个义庄——范氏义庄，是范仲淹在皇祐二年（1050 年）第三次被贬后，在家乡吴县捐助田地 1000 多亩创办的。他把义庄的地租等收益全部用于赡养同宗族的贫穷成员，还主持订立义庄章程，规范义庄的宗旨和管理。范仲淹去世之后，他的二儿子范纯仁、三儿子范纯礼继承父亲遗志，续增规条，使义庄长久地维持下去。后世子孙继承范仲淹遗志，对义庄屡有捐助，使得义庄日益壮大。直到清末，范氏义庄仍有良田 5300 多亩，救济无数。

伍　制度得失

武则天举报制度的“人情味”

唐光宅元年（684 年），驻守玄武门的飞骑部队的十几个官兵在一家酒店喝酒，席间有一个人随便说了一句：“如果知道当初拥立他没有特别的封赏，真不如拥护庐陵王呢。”当场就有人离席，直接到北宫门告密了。席间喝酒的人还喝得正热闹，就稀里糊涂地全部遭到逮捕，被押到羽林军的军事监狱中。最后，说那句话的人被处斩，其他人全部都因“知反不告”被绞杀，告密者竟然被封赏为五品高官。中国历史上的告密之风、特务政治从此盛行起来了。在人们印象中，搞特务政治的皇帝都是残暴至极，特务政治都是残酷无情。而作为中国特务政治的始作俑者——武则天在实行特务政治的时候却赋予了些许“人情味”。

首先，武则天从制度上，为告密者提供保障和方便。唐垂拱元年（685 年），她下令在朝堂大门口放置两件东西，东朝堂置登闻鼓，西朝堂置肺石，专供告发和喊冤叫屈者击鼓、站肺石以示报案，朝堂门口不要防守，如果有人挝鼓、立石，御史要马上受理案件并且直接奏闻。给报案者一种最简捷的报案方式，因此成为中国古代重要的直诉方式之一。除此以外，她还允许告密者闻风奏事，查无实据也不负诬告之责，告错了也没什么关系，政府还得为告密者提供交通食宿等便利。

武则天还会指责告密者不顾友情而一味“告密”。她自己笃信佛教，同时禁杀崇佛也为她改朝换代作了政治动员。武周长寿元年（692年）五月，武则天下诏：严禁全国各地屠宰牲畜及捕捞鱼虾。江淮地区旱灾，老百姓既没有粮食也不能捕鱼虾，饿死很多人都无人违禁。右拾遗张德喜得贵子第三天，偷偷宰杀一只羊宴请同僚给孩子过“喜三”。参加宴请的客人中间有位官职补阙名叫杜肃的人就偷偷在兜中揣了一块羊肉，连夜给武则天上表告密。第二天，就在朝上对质。她先问张德说：“听说你得贵子，很高兴。”没等张德拜谢完毕。太后又责问：“你是从哪里弄到的肉啊？”张德自知违禁在先，欺君在后，叩头服罪不已。太后又说：“我严禁全国屠宰，无论是红白喜事都不能例外。还有，你从今往后再要召集客人举办宴会，也必须选择好人。”然后，把杜肃的告密信拿出来让大家看。告密者杜肃尴尬得无地自容，满朝文武官员都想把口水吐到他的脸上。武则天要求张德不能再违禁的同时，还告诫他以后请客时要选择对象。这样，既保护了违禁官员，也批评了这位“以法告密”的告密者不能以出卖朋友为代价，更不能做当面是人背后是鬼的小人。在很大程度上保护了官员们的隐私。如果这位告密者能够当场制止被告人的违禁行为，而不是参与其全过程却一言不发，背后又卖友求进，则很可能是另外一个结果。

武则天还能对违纪官员网开一面。大特务头子来俊臣因为大搞特务政治很快得以重用，他当权时经常要求选拔官员的部门滥选、滥用、滥升官员，一次就要搞几百个“滥官”。武周神功元年（697

年），来俊臣垮台后，主持选拔官员的吏部长官纷纷投案自首。太后批评他们时，这些长官都纷纷诉苦："我们辜负陛下，死罪！我们违犯国家法律，治罪仅我一人；要是不听来俊臣的招呼，马上就会家族夷灭。"太后听到这发自肺腑之言，就原谅了他们的渎职滥权之罪。武则天当时之所以这么做，有两个原因：第一，来俊臣是自己重用的特务头子，自己也要负责，不能全推到犯官身上；第二，也设身处地地替犯官们着想，理解他们的难言之隐。

武则天还能顺应民心，对特务头子痛下狠手。有人控告另一特务头子文昌右丞周兴，武则天便责令来俊臣审理此案。来俊臣请周兴到家里做客，和他一边议论别的案子，一边相对饮酒。来俊臣和声细语地问周兴："有些囚犯再三审问都不肯认罪，有什么办法使他们招供呢？"周兴说："这很容易！架起木炭生火把大瓮烧得通红，然后再叫囚犯进到瓮里面去，看他敢不认罪？"来俊臣当场就吩咐人，找来一个大瓮，按照周兴所说的办法用炭火烧红……然后，他起身对周兴说："有人控告你谋反，如果你不招认，就请自己钻进这个大瓮里去吧！"周兴惊恐万状，当即叩头认罪。武周神功元年（697年），臭名昭著的来俊臣被处斩并暴尸街头，因为积怨深重，受过迫害的人纷纷拍手称快。人们还抢取来俊臣的尸肉，有的挖眼，有的剥面，有的剖腹，有的挖心……不能吃的骨头也被人们踩踏成泥。武则天得知全国人对来俊臣如此怨恨，就下诏历数他的罪恶，并且要求将来家满门抄斩。官员和百姓在大街上互相庆贺来俊臣的死讯，高兴地说："自今眠者背始贴席矣！"

尽管武则天的特务政治在主观上是为了防止别人反对她改朝换代，反对她当皇帝而施行，但客观上也起到了畅通言路、防奸肃贪的效果。特别值得庆幸的是作为中国历史上唯一的女皇帝，她给本来残酷的特务政治赋予许多“人情味”，让这项原本不甚光彩，也不得人心的暴政，竟然能在很大程度上得到臣民的理解和支持乃至欢迎，也实属不易。

明初西安建都之议

西安的标志性建筑是钟楼，北京的标志性建筑为天坛（祈年殿）。二者天各一方，相距千里。西安钟楼呈方，北京天坛为圆。两者无论从地域还是形状，都是天壤之别。可是，经过多年揣摩比对，假如闭上双眼把这两个看上去风马牛不相及的建筑在脑海中同时高速旋转，竟然得到一个惊人相似的图形。西安钟楼与北京天坛竟是一对孪生兄弟！至此，自然会为二者外在一方一圆而释怀，这只不过是天圆与地方同出一辙的缘故罢了！

都城历来是王朝的脑袋，帝国的中心。

回望明初以前的中国历史长河，汉民族建立的历代重要的都城都是随着经济重心从内地向漕运，从内陆到滨河沿江的变迁，而从咸阳、长安、洛阳、开封、杭州、南京，则依次呈东移南迁之势。如果不是半路上杀出永乐皇帝这个“程咬金”，强行将都城迁往他的老巢——北平（今北京），那么，西安（历史上的长安）曾经为中国历史上最强盛的王朝西汉和唐朝国都，也是当时全世界最大的都会，以其独具的十足帝都气象，以及明太祖皇帝朱元璋情有独钟和对西安历史的积淀的深刻认识和当时形势所逼，这位胸怀天下的大明开国皇帝对建都（迁都）西安是心仪已久。

朱元璋在开国之前，经历了无数场战争，其中以与陈友谅之战最为关键也最为激烈。

明代建国之前有场“楚汉战争”——陈朱之战。在这场长达四年的决战中，有一首诗在无声无息间记录下了朱元璋这位日后的大明开国太祖皇帝当时的感受和日后的梦想。

早在明朝建立之前，朱元璋写下了一首题为《率师征陈友谅至潇湘所写》的诗，全诗为：“马渡江头苜蓿香，片云片雨渡潇湘。东风吹醒英雄梦，不是咸阳是洛阳。”虽然至今，我们无从考证明太祖写该诗的确切年月日，但是有一个基本的判断，为朱元璋在与陈友谅战争期间所作。

陈朱战争从元至正二十年（1360 年）闰五月陈友谅自立为大汉皇帝开始，一直持续到至正二十三年（1363）八月陈友谅被射杀结束，历时近四年。其间，最为著名的大战役有至正二十年（1360 年）闰五月的龙湾之战、至正二十一年（1361 年）八月的江州之战、至正二十三年（1363 年）春夏的鄱阳湖之战。从地理位置、作者“东风吹醒英雄梦”的心态，以及诗中描写的“片云片雨”“苜蓿香”季节上看应该是春夏之季看，此诗所写极有可能是陈朱的最后一战——鄱阳湖之战。

此战之前，陈友谅控制着江西、湖广两路，在长江以南地盘最大、势力最大，再与张士诚联合，对当时还相对弱势、仅以南京为中心的朱元璋集团形成夹击之势。陈朱之战虽历几次大战，朱军每有所胜，但仍然没有从根本上改变态势。因此，鄱阳湖之战在所难免。陈友谅大军60万。总兵力只有敌兵力三分之一、水军不足敌十分之一的朱元璋部队当时看到陈军的军势，竟是这般情景：将桅杆高达十余丈的巨型战舰联合起来摆成阵形，可以绵延数十里不绝，远远望去，船上的旌旗和兵器，黑压压一片如同大山一样……而陈友谅集团的人更清楚自己的实力：大楼船数百艘，每艘船都是好几丈高、分三层，船上专门开辟跑马的专用通道，船只的封闭性特别好，军士说话楼上楼下都听不见，用红漆彩绘作装饰，并用铁皮包裹……可见，当日陈军真是不可一世，朱军接连败北，朱元璋虽斩杀十多批溃退士卒仍无济于事。此时，朱军有个叫郭兴的将军给朱元璋分析形势，出谋划策：陈军巨舰链锁虽阵容可观，但行动不便；我军船小兵少，但机动灵活。因此，宜用火攻！正好天助朱元璋，忽然刮起东北风，朱元璋命敢死队驾七条装满火药、芦苇的战船，纵火直扑陈军。一时间，风烈火炽、烟焰涨天，湖水尽赤……顷刻间，陈军主力灰飞烟灭，只得退守。几天后陈友谅带领残兵败将准备从湖口突围，朱元璋在半路从上流拦截，与之死战。陈友谅从舱里探头出来好像要发指令，却被一箭射穿，箭支从眼部贯穿颅骨。陈友谅当场毙命。朱陈二人的“楚汉战争”至此基本结束，并以朱元璋最终胜利而收场。

这首诗是朱元璋征讨陈友谅时，到达潇湘湖畔即兴所作。此情此景最能咏志明心。第一句“马渡江头苜蓿香”描写的是与陈军作战时水陆并进，马牵登船的作战特点和苜蓿飘香的时节与遍地苜蓿的环境；第二句“片云片雨渡潇湘”继续写：部队在江南地区多雨潮湿的季节冒雨出程的艰辛战斗历程。后两句的意思是：作者在大战在即之际却有大梦初醒般的冷静与清醒，感叹昨夜美景已成空景，面对严峻的形势而发出无限惆怅与无奈。特别耐人寻味之处也在后两句“东风吹醒英雄梦，不是咸阳是洛阳”。借此这位未来的大明开国太祖皇帝不仅表达了一统天下的雄心壮志，还在暗示世人，他一旦取得天下后，定都的首选之地应该在洛阳和关中地区，诗中所写的“咸阳”只不过是以此来指代西安罢了。可见，他对中国古代最负盛名的两大古都——西安、洛阳心仪已久，并对未来帝国定都之地有过深入的思考，很显然朱元璋把西安作为定都的首选之地早亦在此明喻。

明初，太祖朱元璋曾经为定都一事举棋不定。洪武元年（1368年）八月以应天为南京（首都）、开封为北京（陪都）。一年之后的洪武二年九月，又以临濠（今安徽省凤阳县东）为中都。到了永乐初年，经过“靖难之役”从侄子建文皇帝手中夺取帝位的明成祖朱棣强行把首都迁到他当年的根据地北京。

明朝建国之初，关于建都何处一直莫衷一是，相继有南京、北京、中都……以至开国二十多年之后，仍不断有关于迁都之议。洪武二十四年（公元1391年），太祖皇帝经过深思熟虑，派太子朱标“巡视关中”，并告谕说：“天下山川，惟秦中号为险固，向命汝弟（太子二弟、朱元璋第二子秦王朱樉）分封其地，已十余年，汝可一游，以省观风俗，慰劳秦民。”其实，明太祖早有迁都关中的打算。因为早在21年前的洪武三年（公元1370年），监察御史胡子祺已有陈奏：“天下形胜地可都者四。河东地势高，控制西北，尧尝都之，然其地苦寒。汴梁襟带河、淮，宋尝都之，然其地平旷，无险可凭。洛阳周公卜之，周、汉迁之，然嵩、邙非有殽函、终南之阻，涧、瀍、伊、洛非有泾、渭、灞、浐之雄。夫据百二河山之胜，可以耸诸侯之望，举天下莫关中若也。”此建议当时就得到明太祖的赞许。因为太祖知道，这封奏疏对自己到底是建都（迁都）洛阳还是西安这个问题进行了深刻分析，最终确定了定都（迁都）西安的方案。后因时事多艰，这一建议虽然被搁置起来，但却一直萦绕于太祖心怀，多年以来无时不为之心旌摇荡。这位胡御史官位虽然不高，甚至于史册之中只能从太祖本纪、朱标太子传和其子胡广传中才能看到他的记载。可就是这样一个位卑之人言却不轻，人微之官所言极重。胡子祺也因此而名垂青史。

当然太祖皇帝的考虑不无道理，从战略上看：刚刚开国的明朝的主要威胁是蒙古草原上的北元残余力量。倘若真的迁都西北，可以加强北方边防，安定边界。当时“元亡实未亡”的局势，在西北最为明显，多股元兵残余经常骚扰。就是在这种形势下，明太祖把西安这个战略重地封给次子朱樉，册为秦王，作为藩王之首，而秦王以“富甲天下，拥赀千万”，成为“天下第一封藩”。这样一来，原元代的奉元路路城的格局显然不能满足新的政治、军事、战略，以及迁都等多种需要，必须拓展扩建。而北平被封给第四子朱棣。

朱元璋第二子秦王对此事极有意见，因为倘若国都搬去西安，他就没有了封地。为此，朱元璋还将秦王拘禁起来，若不是太子朱标求情，差一点就废掉了秦王。

洪武二十四年（1391 年）八月，太子朱标就奉旨巡抚陕西。当年十月，太子返回南京向太祖复命，进献了自己带人绘制的

《陕西地图》。不久就一病不起，洪武二十五年（1392 年）四月，太子朱标病逝。作为一位遭受晚年丧子之痛的父亲，作为一位失去继承人的高龄最高统治者——太祖皇帝恸哭不已，为之罢朝……更令人痛心的是，太子朱标在弥留之际还向太祖上疏建言“经略建都事”。每当想起太子是到陕西巡抚而病，是建议西安建都而逝……西安已经成为太祖皇帝的伤心地，建都西安这一原本可行的方案就此被束之高阁，搁置到尘封的史册之中。

许多建筑学家都把梁思成先生当年赞扬北京老墙城的一段话，看作是如今评价西安城墙更合适的观点。人们在考察西安和北京之间关联时，可能往往忽略了，它们的原始参照系——南京。明弘治八年，兵部侍郎马文升曾指出，洪武年间修建的西安秦王府城在所有王府城中，规模最为宏伟。清朝人实地勘查明西安城后，将其与北京相提并论指出：明西安城“明代紫禁城尚在，完整如新，且其址略宽于南京。明祖本志在都秦……”而且，明秦王府内城（宫城）远远越过了《明会典》所规定的亲王宫城的规制。

秦王府城王宫前殿名为“承运”殿，其正南门为“承运”门，与明初南京城中“奉天”殿与门之名遥相呼应，取意奉天承运。如永乐皇帝迁都北京后参照南京应天府之意，改北京为顺天府一样。诸如此类，秦王宫中许多宫殿命名都与南京故宫相关联。当日大明都城的特点在西安城也能找到形迹。可见，明秦王府是明初都城南京在西安城中的化身。所有这些南京与西安的许多建筑规制和特点，在日后即永乐十九年（1421 年）后成为大明首都的北京城都得到再现和传承。

西安钟楼始建设于明洪武十七年（1384 年），原址在今西大街以北广济街口迎祥观内，到万历十年（1582 年）陕西巡抚龚懋贤与咸宁、长安二县县令，共同组织将钟楼向东移建到现址城区“四街呈衢”——四个城门正街交叉点上的中心位置。

诚如龚懋贤所说钟楼在移建时“楼惟筑基外一无改创”。因此，现在攒顶三重檐式楼阁应是洪武始建时的原貌。

另外，西安还有一座建筑——鼓楼。位于西大街鼓楼十字北口，长钟楼四岁，建于洪武十三年（1380 年）。鼓楼的建筑高度比天安门城楼还高 2. 6 米，钟楼也比天安门城楼高 1. 3 米！真是不可思议。钟鼓二楼后经历多次天灾人祸，特别是明嘉靖三十四年十二月十二（1556 年 1 月 22 日）的八级大地灾亦无大碍，可见建筑质量之高。

明初太祖朱元璋在南京南郊的圜丘旧址上建了一座合祀天地的大殿，称“大祀殿”。永乐迁都北京后沿袭太祖旧制，按南京的规制在北京也建了一座大祀殿，到明嘉靖二十一年（1542 年），被拆除，并在其旧址建起新殿。

北京天坛祈年殿是由明嘉靖皇帝于嘉靖二十一年（1542 年）亲手设计并建造的大殿，也是三层檐，始称大享殿。经过 210 年，直到清乾隆十六年（公元 1751 年）才更名“祈年殿”。

西安钟楼高 36 米，边长 35. 5 米；北京天坛高 38 米，直径 32 米。显然，二者的高度和直径（边长）大致相同，在同朝代，钟楼在先 162 年，都是作为或者准备作为大明帝国都城标志性建筑，在建筑风格、规制等方面必然有相同、相近和相承之处，因此看起来十分相似也不难理解。

从明初南京、西安再到后来的北京，无论是建筑规制、风格，还是总体规划布局上都有许多相似之处。这正是明初之时，定都（迁都）西安之议的最好见证，也是当日历史风波的余波微澜。至此，西安钟楼与北京天坛为什么会让人有同出一辙之感也就油然而生。

从“君子营”看南北朝时期的文治

晋永嘉三年（309年），在中国北方的军阀混战中有一个独特的历史现象——“君子营”，在拥兵十万、雄踞一方的羯族军阀石勒的军中出现了。这在中国历史上可谓空前创举，在少数民族历史上更是开创先河。北方胡族军阀石勒占据河北巨鹿、常山一带，亲自把“衣冠人物”（士大夫、文人）从治下普通军民中甄别出来，组织成立一个战乱中能够随军作战的最高学府和参谋团队，这就是“君子营”。

别小看这个“君子营”，它给石勒集团提供了强大的人才、智力、谋略，甚至文化的支持。其中，“君子营”的谋士张宾，就是辅佐石勒开创后赵基业、雄霸北方的股肱之臣。像石勒这样北方胡族军阀重视汉族读书人的做法，不仅不是偶然，相反在北方各路胡族军阀中处处传袭，成为一个时代的突出现象。这一时期，胡族军阀政权重用汉族知识分子的千古佳话几乎处处都有。

汉族文人裴嶷投胡人慕容氏政权就极有代表性。燕的先人慕容廆，原名奕洛环，是昌黎棘城的鲜卑人。其祖莫护跋因功受封，在棘城之北建国，因学汉人戴步摇冠，被称为“步摇”，因谐音被传称为“慕容”。鲜卑在北方少数民族中汉化较快。晋太康十年（289年），21岁的慕容廆受封为鲜卑都督。他去参见官居晋东夷校尉的汉人官员何龛时，衣着装束竟然和汉人士大夫一样，在当时被传为美谈。可见，他已经成为深通汉人官员礼仪规矩的少数民族首领。原昌黎太守裴嶷率侄子，护送死在玄菟太守任上裴武的灵柩准备回河东老家，路过棘城，受到慕容廆的热情款待，临行时又是以礼相送。道路因战乱中断，裴嶷就想投奔慕容廆，他的侄子却想不通，他说既然要投奔为什么不投强大的段氏，而选择势力弱小的慕容氏。裴嶷分析道：慕容廆胸怀远大，礼贤下士。侄儿听叔父说得有理，就随叔父投奔慕容廆。慕容廆当场就封裴嶷为长史（秘书长），军国大事都要向他咨询。后来，两京陷落，中原大乱。慕容廆就为中原流民分别立郡以供安置，并从流亡的士大夫中选贤任能，周边士人蜂拥而至。更加难能可贵的是他还在战乱中开设学校，使世子率鲜卑贵胄进学受业，他自己还经常到学堂听课。他死后，儿子慕容皝于晋咸康三年（337年）自立称燕王。

升平元年（357年）六月，前秦东海王苻坚发动政变，即秦王位。他重视教育，命令官员子弟必须进学读书，并且对品学兼优者予以重奖。他还坚持每月都到太学，亲自参加学习，与博士讨论经学，并考核学员。苻坚自幼知书达理，即位之前，就思贤若渴。听部下举荐王猛，说此人有经天纬地的才能。王猛何许人也？此人字景略，北海剧人，幼习兵法，博学多才，因与时尚浮华的“玄学”之士格格不入，反遭耻笑。后来离开几代繁华的邺城，隐居华阴。东晋桓温北伐时，王猛面对桓温的拜访，“扪虱而谈当时之务”。苻坚即位，称“大秦天王”，先任王猛为中书侍郎，后任其为尚书左丞，甘露元年（359 年），升任侍中、中书令，领京兆尹。为树立王猛的威信，苻坚先杀了顶撞王猛的大权贵樊世。强太后的胞弟强德为非作歹，王猛先斩后奏。苻坚派来赦免的使者，见强德的人头早已高悬示众。苻坚不禁赞叹道："现在我才知道什么是法啊！"建元四年（368 年），王猛帮助苻坚平定了前秦三位公爵发动的叛乱。建元六年（370 年）六月，苻坚亲自把王猛送到远郊灞上，并委以东征重任。经过半年征战，王猛消灭了数倍于秦的燕军。十一月，终于攻取邺城，灭掉前燕，得到燕 157 郡、246 万户、990 万人口和全境之地。王猛围困邺城时，大军秋毫无犯，老百姓都把王猛比作燕国当时最贤明的太原王慕容恪。建元十一年（376 年），王猛去世。次年，前秦统一北方。3 年后的建元十四年（378 年），苻坚采纳王猛遗谏，决心统一天下，征讨东晋。可见，王猛辅政期间，前秦国力达到鼎盛。苻坚对王猛非常信任，曾经一年之内五次给王猛升官，王猛也给前秦立下统一北方虎视江南的盖世奇功。

鲜卑族政治家宇文泰是西魏的丞相、实际的最高统治者。他奉行"德治教化"的建国方略，不仅要求官员用儒学修身，行儒家教义，守儒家道义，还给百姓灌输儒家伦理纲常。在门阀制度最为盛行的时代，打破门第，唯贤是举。就连敌对国的李弼、小吏出身的柳敏等汉人都受到重用。特别是汉族士人、武功大姓苏绰，宇文泰对他推心委任，如有外出，经常给他留已经签署的空白文件，让他自主处理。正是因为宇文泰对汉族士人的优待政策，使得大批汉族士人进入西魏政权，使这个已经分裂、没落的鲜卑王朝出现了乱世中的小治局面。

古往今来，一个国家、一个民族要强盛，先进文化是先决条件；一个王朝、一个政权要发达，人才是关键。任何想要占领主导的组织或者力量，必须尊重、包容、学习先进的文明，越是在混乱朝代，这个特点越明显，这种功能越强大，这种规律越应验。这也是变大动荡为民族大融合的最佳契机。

从“钦点进士”落地看皇权与相权

《大唐语林》记载：有个深得唐玄宗欢心的“方伎供奉”，他的女婿王如泚参加科举。他就请求玄宗开恩帮着女婿及第（录取）。玄宗答应并命令礼部：本科考试须取王如泚及第。试后，负责科举的礼部侍郎将皇帝钦点王如泚进士的情况报告给宰相。宰相问：“他的文章能达到录取的标准吗？”侍郎如实回答：“介于及第与落第之间。”于是，宰相说：“那就不能让他及第。科举是国家取才大典，怎么能凭皇帝一句话，就把功名与人？”宰相否决之后告知皇帝，玄宗只好取消成命。得到皇帝钦点的王如泚自以为稳操胜券，在家中大宴宾客，却接到落第的消息。

这的确让人对这位宰相肃然起敬。在中国历史上，唐代宰相制度深受后人推崇。唐之尚书左仆射、尚书右仆射若得同中书门下平章事、参知机务等名就是名副其实的宰相。唐宰相制度较之两汉有很大发展，较之南北朝更完善成熟。高帝之世，是唐宰相制度形成阶段，宰相风采已显端倪；太宗至天宝之初是完善阶段。那么，唐朝宰相都有什么样的权力？

废立太子和皇后须经宰相同意。废立太子、皇后，看似皇帝个人私事，但在唐朝都要征得宰相同意，方能获准。永徽五年（654年），高宗欲废皇后立武昭仪（就是日后的女皇武则天），就和武昭仪到宰相、太尉长孙无忌家“走门子”，又是欢饮，又是封赏他的三个儿子为大官，还送了十车金宝缯锦的重礼。高宗百般讽喻，长孙无忌就是不搭茬，高宗碰了个钉子扫兴而去。武昭仪又让她母亲杨氏到长孙府，多次请求，无忌始终不答应。礼部尚书许敬宗也数劝无忌，竟然遭到声色俱厉的批评。迂回之术失利，皇帝不得已，为了废立皇后的事只能和宰相短兵相接了。第二年——永徽六年（655年），高宗召开“宰相会议”旧事重提。褚遂良仍然坚持不能废黜皇后，以致皇帝恼羞成怒而散会。第二天高宗又继续此议题。褚遂良对皇帝说：“陛下一定要换皇后，请从名门望族选后，为什么非武氏不可！”并且当众揭了武氏“经事先帝”的老底，说罢放下笏板，叩头流血说：“把这官职还给你，放我回家种地。”高宗大怒。躲在帘幕中的武昭仪怒不可遏地大喊：“干吗不扑杀这畜生！”长孙无忌对皇帝说：“遂良是太宗的顾命大臣，即使有罪也不可用刑！”在场的官员吓得不敢出声。可见，皇帝想让宰相支持他的不合理的动议根本不可能。

开元二十四年（736年），备受唐玄宗宠爱的惠妃向皇帝进谗言陷害太子。玄宗大怒，就告诉宰相要废掉太子。宰相张九龄引用历代废储引发动乱的教训，警告皇帝不能废储。玄宗无可奈何。惠妃无奈，又悄悄派亲信游说张九龄，并暗示他帮助废黜太子，就可以永保相位。张九龄痛斥说客，并报告玄宗，皇帝为之色动。

这种斗争从迂回出击到短兵相接，无论其结果如何，足见唐朝宰相制度的严格。

皇帝诏令不经宰相即为非法。诏令是由中书省根据皇帝旨意起草，草拟的官员如果认为不妥，有权拒绝起草。诏令起草出来，要经过门下省核准，如果认为不妥，就可以退回中书省。只有通过审核，才可以送到尚书省执行。尚书省接到经门下省审核的诏令，如果发现不妥，也有权拒绝执行。皇帝旨意要以书面形式下发，看似皇帝金口玉言的书面化，其实并非那么简单。

皇帝任命官员必须经宰相批准。在唐朝，任命官员一直是经尚书省有关部门初拟，报中书、门下两省宰相审核，报由皇帝“进画”（批准），再经宰相下达到具体的工作部门。这个制度一直严格执行，到唐中宗时却出现例外。他不经两省宰相径自封官，身为皇帝也自觉不妥，不敢用装诏书的正规封袋，也不敢照常式封发，只能改用斜封，所书“敕”不敢用朱笔，改用墨笔，史称“斜封墨敕”；所封之官也被讥为“斜封官”。中宗景龙二年（708 年），吏部员外郎李朝隐先后揭发“斜封官”一千四百多人，闹得这位破坏制度的皇帝狼狈不堪。景云元年（710 年），刚登基的睿宗皇帝批准了宰相姚崇、宋璟等关于全部撤销前朝“斜封官”的奏议，中宗时代的“斜封官”终被悉数罢黜，宰相制度得到进一步坚持。宣宗大中十一年（857 年）春，户部长官职位出现空缺，正巧碰上京兆尹韦澳给皇帝奏事，皇帝觉得这个人合适，就想让韦澳接任户部长官。面对户部长官这样的肥缺，韦澳却坚辞不受，让宣宗大为不快。后来，韦澳说明原因：“皇帝不和宰辅商议，私自想重用我，别人肯定会说我是通过不正当的途径得到提升的，那我怎么替自己辩解啊！”可见在唐朝，宰相在任命官员过程中具有的重要作用是得到普遍认同和支持的。

皇帝继承帝位的合法性须得宰相认可。唐武宗会昌元年（841年），刚刚登基的武宗皇帝准备发布登基册牒，这种诏书上按惯例要中书、门下两省长官（宰相）联名签署才算合法有效。武宗继位颇具传奇色彩。开成五年（840年）文宗晏驾，太子年幼，大宦官另选择皇位继承人，本来想迎立年长的安王。迎驾的宦官按照宫中定策"迎大者"，结果却阴差阳错地把颖王立为"皇太弟"继承了皇位，这就是武宗。宰相们也因此对武宗继承帝位的合法性表示质疑。当朝宰相之一的谏议大夫裴夷直看着武宗皇帝的登基册牒就是不肯签名。虽然《资治通鉴》取《武宗实录》把这事巧妙地记载为"漏名"（忘记签名），但可以想象这么重要的公文作为当朝宰相怎么会"忘记"。对此，《新唐书·裴夷直传》是如此记录的："视册牒不肯署。"武宗皇帝终无计可施，只好找别的借口把裴夷直贬为杭州刺史以解胸中不满。由此可见，唐朝皇帝是非常重视宰相签署册牒的重要性的；同时宰相也十分珍视自己的署名权。因为，他们双方都知道，这关系到皇帝继承帝位的合法性。据《资治通鉴》记载："故事，新天子即位，两省官同署名。"可见这也是一项制度。

延续289年的大唐王朝，前期之所以能够开创贞观之治、开元盛世；中期"安史之乱"之后，之所以唐室能够光复再造；后期，虽然出现宦官专权、藩镇割据的混乱局面，但依然能够做到百足之虫死而不僵，关键都是因为当朝的宰相制度。无论国力鼎盛，还是国势衰微，无论明君在上，还是昏主乱政，只要宰相的职权能够行使，就能维持国家政治的运行。就连岌岌可危的晚唐时的宰相郑畋都感慨万端地说："国祚安危，在我辈三四人画度。"可见唐朝宰相在整个王朝中的中枢作用。

中国古代的“另类官场”

金钱、欲望、人情，在中国历史上形成了一个庞大的“另类官场”，更加像市场、娱乐场、人情场……正当人们从中得到高度满足和无尽快感之时，任何人都不可避免地走到了它的尽头——不仅是一个个当事人的乱墓场，包括一个个奢华王朝都无一例外地走进了自己的超级墓场。

无论什么样的官，至少都应该是人来当似乎不出情理。然而，历史往往会和人们开一个个天大的玩笑。

鲁闵公二年（前660年）冬十月，狄人伐卫。卫国军队大败。原因其实很滑稽。卫国国君卫懿公爱好养鹤，竟然给鹤封官，还让鹤按官等级乘坐上大夫的专车招摇过市。即将开战时，卫国的军人都说：“让鹤打仗吧，因为鹤既有高官又有厚禄，凭什么让我们去打仗啊！”（《左传·闵公二年》）卫懿公爱鹤算是个雅好。在他的苑囿还有宫廷，到处都能看到爱鹤们或昂首阔步，或闲庭信步。于是，人们纷纷给国君大量进献各种鹤，以求封赏。一批批的鹤汇聚而来，卫懿公就给群鹤编班排队逐一命名，并派专人训练仙鹤，鸣叫、歌唱，音乐、舞蹈……使仙鹤样样在行。他还按照标准给鹤加官晋爵，发放俸禄，上等鹤就可以领到与大夫一样的俸禄，养鹤训鹤的人也均得重赏。每逢出游，爱鹤们也按部就班紧随其后，有的鹤还乘坐着大夫们的豪华轿车。为了养鹤，卫国每年耗费大量的金钱、粮食和物资，因此又转嫁加重老百姓负担，搞得卫国百姓怨声载道。

“沐猴而冠”本来是骂人的话。前206年，项羽进入咸阳号令天下，做了西楚霸王却执意衣锦还乡，定都彭城。韩生劝谏项羽不听，一气之下就骂目光短浅的项羽是洗过澡就戴上帽子的猴子。

西汉仅仅当了27天皇帝就被废黜的昌邑王刘贺，曾经两次看到没长尾巴的大白狗头戴方山冠。他觉得奇怪，就问郎中龚遂是怎么回事。龚遂回答道：“这是上天在警告，大王您身边的人全都是头戴官帽的狗。”此事，《汉书》中有载。“冠狗”（戴官帽的狗），就成了不知礼义的人的代名词。

这本来也是骂人的话，怎知却成了昏君追求快乐的真实游戏。

历史上第一位把买卖和官职相提并论的是韩非，他将战国时期的君臣关系归结为“主卖官爵，臣卖智力”。中国历史上买官的始祖可能是吕不韦。但严格地说，他是政治投资，是投资买“期官”，不是现货交易。但他的行为却反映出买官市场确实存在，并存在着巨大的潜力。汉初，惠帝和文帝曾经因瘟疫、灾难和战争而卖爵鬻爵，使国家度过危机。可是真把卖官当成买卖做的还是东汉灵帝。

光和四年（181年），灵帝在皇宫开办跳蚤市场，让宫里的美女都来此练摊，很快就引发相互之间盗窃财物和争斗，灵帝还打扮成商人，陪她们痛饮宴乐。这是他在为自己的卖官产业积累经验。

汉灵帝还有一个爱好——养狗。他就在西园之内，给狗戴上进贤冠，佩戴绶带。灵帝爱蓄私房钱，收受天下之贵重物品，每郡国、地方都要“贡献”。同时，“贡献”的人还得先给皇帝身边人送礼，名为“导行费”（后世官场上的“门包”的老祖）。《续汉志》注述：灵帝通过亲信小人作中介，相互拉皮条，公开卖官，一个关内侯（当时具有高级官员性质的显赫爵位，封侯拜将是当时人们梦寐以求的目标），当时起价是五百万。这种交易中，强势者就贪如豺狼，弱势的顾不上财物贵贱，灵帝竟然给狗都能戴上官帽。这只是他卖官闹剧的序幕。

四年之后的中平二年（185 年），灵帝从西园打发人分赴全国处地，通知官员们公开要钱索贿。刺史、二千石和茂才、孝廉任命升迁时，都命令他们赞助。名目之多，有“助军钱”“修宫钱”等，人口和土地多的大郡郡守一职要出价二三千万，其他职务等级都是看货论价。买官到手在上任之前，都得先到西园谈价成交，然后才能上任。有的郡守清廉出不起价就请求辞官，结果全部被遣散。当时，钜鹿太守司马直新除，因为久负清廉盛名，就给他打折减价三百万。他得到任命时怅然长叹：“为民父母而反割剥百姓以称时求，吾不忍也。”而后称病辞职，朝廷不予批准。司马直赴任途中行至孟津，上疏言辞恳切陈述卖官之祸后，立即服毒自尽。而这年，关内侯的价码达五千万钱，是四年前的整整十倍。就在官价以十倍之势暴涨的同时，东汉王朝也在加速走向灭亡。正当灵帝大肆卖官的时候天下已经糜烂不堪，黄巾起义已经席卷大半个中国。公元 189 年，即位 22 年，年仅 33 岁的汉灵帝在疯狂卖官的极度快感中死去。他死后 21 年，东汉王朝灭亡。

晋太康三年（282 年）正月，晋武帝亲自到南郊祭天。祭天大典结束后，他扬扬自得地问司隶校尉刘毅说：“我可以和汉朝哪个帝相比啊？”刘毅对曰：“桓、灵二帝。”晋武帝曰：“我怎么会和他们一样？”回答说：“他们卖官得到的赃款都进入国库，陛下卖官得到的黑钱都流入权贵们的私人黑手。从这个角度来说，您还真是不如他们啊！”晋武帝大笑道：“他们那时候，听不到你这样的真话，现在我有你这样的直臣，肯定比他们强多了。”可见，晋初之世卖官现象并不比汉末好到哪里去。

卖官，价因官定价。还有更邪乎的，因喜好心情随便封官，以致因草木而封官，随心所欲，无所不及。

吴天纪三年（279 年），吴国手艺人黄耇家院子里，长出一种叫“鬼目菜”的萝蔓状植物，缠绕在枣树上，一丈多长，茎中直径四寸，厚三分；还有手艺人吴平，家里长出一种叫“买菜”的植物，高四尺、厚三分，形状像枇杷一样，上头一尺八寸，下面茎叶五寸大小，两边长着绿色叶子。吴主孙皓听说后，特别感兴趣，就让宫廷画家前去工笔写生、画影图形，并给这两种怪物分别都起了个好名字，把鬼目菜叫“芝草”，把买菜叫“平虑草”。大喜过望的吴主孙皓竟做出更加雷人之举——封黄耇为“侍芝郎”，封吴平为“平虑郎”，并且赐给他们银制官印和青色绶带。这在魏晋时期，相当于皇帝身边的高官和优厚的待遇了。就这样因一时兴起，而封赏给两种怪物的主人 11 年后，吴为晋所灭，孙皓沦为阶下囚。

因花钱买官，可以无功受禄。还有一种不花钱就能当官，无功也能受禄的，不仅是厚禄，而且是高官显爵者谓之“干禄”。武平六年（575 年），北齐后主高纬旧时的“苍头”奴仆刘桃技等皆开府封王，其余宦官、外国小孩、歌手、舞伎、巫师、奴婢等都能随意得到高官和富贵的，接近万人，庶姓贱民封王者也有数百人，开府千余人，仪同无数，领军一时至二十人，侍中、中常侍数十人。狗、马、鹰等宠物都能册封中央高官和地方大员的官职，还给一只斗鸡开府建衙，并且严格按照级别发给这些宠物俸禄，名曰“幹禄”。两年后北齐亡国，后主高纬身死。

好像皇帝以任何方式授官，人们都还可以接受。可是，小吏竟然能偷偷给人“运作”成官，而且能多达数万人之众，就有点离谱。东魏孝静帝时，吏部令史张永和、崔阔等人弄虚作假，给人“伪官”。案发后，一次被查出和自首的假官就多达六万余人。

在东魏这样荒乱之世，吏治腐败官员邪恶，出现伪官现象还可以理解。可在隋文帝时，天下治平，却也出现了伪官现象。此时，出现了陈州人向力道用作假等手段，公然做上了海陵郡太守，任期满后他又假冒再任高平郡太守。赴任途中，被一个叫薛胄的官员碰上，对他产生了怀疑。薛胄就派主簿立案查问。有个叫徐俱罗的人，先前本来该是他担任海陵郡太守，可是却被向道力冒名顶替，任期已满但朝野却没有人觉察。徐俱罗还劝阻薛胄说：“向道力已顶替我一个任期，怎么还能引起您对他的怀疑？”薛胄力排众议，马上把向道力收押审问，向道力果然认罪。

唐朝官员的任命十分严格，必须有吏部考核，中书门下上报，经宰相集体审议并签署，再经皇帝审签方能任命。而到中宗之后，不经吏部和宰相，而由皇帝直接签署任命官员的方式叫“斜封”，因此而得官者就被称为“斜封官”。

唐中宗不经中书门下两省而直接封官。只因不是合理合法，中宗皇帝也只能犹抱琵琶半遮面，不敢照常式封发，只能改用“斜封”，表示皇帝批准的“敕”字也不敢用朱笔，只得用墨笔，时称“斜封墨敕”。暗示政府的相关部门睁一只眼闭一只眼罢了。神龙二年（706年），中宗的女儿安乐公主恃宠骄恣，卖官鬻爵，势倾朝野。经常自己伪造皇帝的制敕，并提前写好名单和相应要当的官名，将内容用手捂着，留个空白处让中宗签名。身为皇帝和父亲的中宗既不批评，也不过问，还笑眯眯地签署照准。由此而出现的“斜封官”，都隔过中书、门下两省直接让皇帝签授，两省宰相没办法过问，只好承认既成的事实并向各部公布。仅仅两年之后的景龙二年（708年），仅吏部员外郎李朝隐一人就揭穿了一千四百余名“斜封官”。丑闻一出，立即在朝野掀起轩然大波。不到两年，倒卖“斜封官”的安乐公主和母亲韦后合谋，毒杀了中宗，也赔上了自己和母亲的韦氏家族。

景龙元年（710年），姚崇、宋璟及御史大夫毕构上书：“先朝斜封官悉宜停废。”刚刚登基的睿宗皇帝立即批准，一次罢黜“斜封官”数千人之多。

昏君庸主时，官场舞弊尚情有可原，而当武后号称圣明之世，官场亦有奇闻。武则天的面首张易之、张昌宗兄弟相互攀比豪侈。他们的弟弟张昌仪为洛阳令，请托办事的有求必应。圣历三年（700年）的一次早朝，有个姓薛的向他求官，拦住张昌仪的马头，把五十两黄金和一份简历一并交给他。张昌仪收受贿金，上到朝堂，把那人的简历交给了天官（吏部）侍郎张锡。过了几天，张锡丢失了那份简历，就问张昌仪请托求官的是谁，遭到张昌仪痛骂：“真不懂事！我也不记得了，只记得是个姓薛的给我的。”张锡惶恐万分，慌忙回去，马上在档案里找出所有姓薛的人，总共有六十多个，全部加官。5 年之内，这一事件的主角张氏兄弟连同他们的后台老板——武则天和她的大周王朝相继灭亡。

历代无论给什么人或者什么宠物封什么官，都是由皇帝亲自来封。到了明代竟然出现了直接由太监任命的官员。世上从来不会有天上掉下来的馅饼，至于太监为什么会直接把官给了某个特定的“幸运儿”，其中的奥妙就是用钱买。这种既不由吏部选取任、也不不经大臣推荐、更不经皇帝简选，而是通过宦官“传奉圣旨”的方式任命的官员，称为“传奉官”，这一方式也被称为“传奉升授”，或简称“传奉”“传升”。天顺八年（1464 年）二月十七日——明宪宗成化皇帝即位的第 26 天，司礼监太监牛玉“传奉圣旨”：升工匠姚旺为文思院落副使。这是明代由“传奉升授”而当官的第一人。乱门始开，泥沙俱下。

经过 23 年，到成化二十三年八月，传奉官数量已突破 4700 人。而且“传奉升授”这一怪异现象蔓延了 60 多年。冗员泛滥，政治腐败，国力虚耗，民不聊生……都可想而知。

“名与器不可轻假人”，三家分晋，周天子对既成事实，无力处置，只好认可实属无奈之举，也被史家认为是开了乱源。官场腐败是最具典型性和影响力的腐中之腐。这些官场上的腐败现象，既是政治腐败的产物，又加速了原本腐败的政治更加腐败乃至灭亡。卖官是当权者最具典型意义的贪欲者之举，而给狗封官、因草木封官、因为某种喜好让不该当官的人或者动植物当官，都是卖官的变种和异化。因为，给官的人总是能从被封官者身上得到一种特殊的快感和满足，或者是钱是物，或者是喜是乐。收钱卖官可一目了然，而因为喜好等不确定的原因而“给”官，就带有极大的隐蔽性，往往会造成更大的轰动效应，也具有更强的示范性，因此对政权具有更大的破坏力甚至于是颠覆性的。

大唐的魅力

唐德宗元贞元年（785 年），德宗皇帝收到于阗国国王曜的国书。曜在国书中向唐德宗说明："我哥哥名叫胜。当初，他把王国托付给我，现在我恳请重新立我哥哥胜的王子锐（在唐侨居）回国继承王位。"德宗皇帝找到锐，授他检校光禄卿，让他回国继承王位。谁料到，锐却因来唐多年，已经乐不思蜀了。锐王子坚决回绝回国当国王的建议，并且说："我叔叔曜已经管理国家多年，深受全国臣民拥戴。而我在华夏的京城长安生活这么多年，已经不了解家乡故国的风土人情，我不能再回去了。"德宗皇帝深受感动，就封这位留恋唐朝竟然不回国继承王位的于阗国太子锐为"韶王咨议"。

其实，这种佳话早在初唐就已经广为流传。唐太宗贞观二十二年（648 年）二月，自古和中国没有通好的结骨国（回纥西北三千里古称坚昆，汉初属匈奴，魏晋自称结骨）俟利发（国王）失钵屈阿栈归降并到长安朝拜唐太宗。太宗在天成殿设宴款待，就指着他对群臣说："武德年间，我在长安城外渭水桥头连斩三个突厥大将的首级，自己认为那是很大功劳。今天这种人就在席间，众卿看到不必害怕。”这位国王就请求太宗，给他封赏一个唐朝的官职，并且说：“我若能手执唐朝官员的笏板回到故国，实在是子孙万代的荣幸。”于是，太宗就授失钵屈阿栈为右屯卫大将军、坚昆都督，隶燕然都护。

史书记载结骨国“其国人皆长大，赤发绿睛，有黑发者以为不祥”。太宗当场向群臣解释，要大家“不以为怪”。显然这些“四夷之人”的确不同于中国人。

外国人归服唐朝绝不是纯粹为了功利，很大程度上对唐朝已经产生了发自内心的敬仰。

唐贞观二十三年（649 年），数百名在唐朝当官和来唐朝贡的世界各国人，听到唐太宗李世民驾崩的噩耗，无不悲痛欲绝。

等到将太宗葬入昭陵之后，阿史那·社尔（突厥王族，曾自封可汗，后归唐授左领军将军）、契芯何力（原本铁勒可汗，归唐授左领军将军）恳请自杀殉葬太宗。刚刚即位的唐高宗派出使者向他们宣谕太宗皇帝遗旨：不许殉葬。最后，就把这些曾被太宗生擒和制服的包括颉利在内的各国国王、各部落酋长共 14 人，全部雕刻成石像并在身上铭刻姓名、官职，排列在昭陵的北司马门内。自此成为唐朝皇帝的一种丧葬制度。

唐高宗之世，有 70 多个国家与唐保持友好往来。高宗驾崩，有 11 个国家派使臣前来参加葬礼。其中有 61 位外国国王参加高宗葬礼——乾陵会葬。就依照昭陵之制，为这 61 位国王刻立石像，背刻国籍、姓名、官职等文字，立于乾陵朱雀门两侧，史称“六十一宾王（蕃臣）像”。“宾王”本意就是宾服来朝的各国国王。宾王像的长相各不相同，有的高鼻深目，有的络腮胡须；穿着各异，有的披发左衽，有的足蹬皮靴……他们在乾陵风雨中屹立千年，共同见证着大唐的高度开放性和强大感召力。

由此沿袭成风，世界各国无论因公朝贡（出使），还是因私经商，皆仰慕大唐而侨居长安、洛阳等地，按惯例“胡客”无论在唐做官、经商均由唐政府供养。代宗大历年间仅“回纥留京师者常千人”。到了德宗贞元三年（787年），生活在长安的“胡客”中已经拥有田产者竟多达4000人，人数之众甚至让唐政府都供养不起了。宰相李泌深知：胡客留长安时间长者达40余年，均娶妻生子，买田置宅，有的还做起生意，在长安生活得十分安逸，竟不愿回国。于是，唐朝命官员调查，“胡客有田宅者停其给。凡得四千人，将停其给”。胡客们集体到宰相府上访。宰相李泌说：“岂有外国朝贡使者留京师数十年不听归乎？今当假道于回纥，或自海道各遣归国，有不愿归者，当于鸿胪自陈，授以职位，给俸禄为唐臣。人生当乘时展用，岂可终身客死邪！”就这样，胡客还是没有一人愿意回国。后来，李泌把这些外国人全部分配给神策两军。

胡客在唐朝任宰相者也司空见惯。《北梦琐言》卷五“中书蕃人事”记载：自唐大中至咸通，白中令（即白敏中）入拜相，次毕相诚、曹相确、罗相邵权，使相也，继升岩廊。崔相慎猷曰：“可以归矣！近日中书尽是蕃人。”外国人来唐不仅可以堂而皇之地当官，也能名正言顺地参加科举。在唐朝的留学生中，新罗人最多，无论官费生还是私费生均可参加唐朝的进士科考试，中举业的新罗学生有58人。唐代科举考试中出现的一项制度——“宾贡科”，特别照顾外国来唐的考生。所谓“宾贡科”，指进士科考生的特殊来源以及考试和录取的特殊方式。很多留学生考取了唐朝的

“宾贡进士”，如新罗的崔志远和日本的阿倍仲麻吕。伊斯兰教创始人穆罕默德曾对他的弟子说：“学问虽远在中国，亦当求之。”

外国人来唐，无论是出使、留学、科举、经商、当官，都能够获得成功，做文官可以位极人臣，武官可当宫廷卫士、将军、镇使……方方面面，都表现出大唐制度的优越，强大的自信，也体现出大唐高度的开放，极度的包容，因此大唐才能产生如此巨大的感召力和吸引力。

南北朝各方互相欣赏的风度

南北朝时期是中国历史上大动荡的时期，割据各方在政治上相互竞争，军事上相互打击，但在尊重文化和尊重人才方面却是一致的，即相互认同、相互欣赏。

东魏派遣兼任散骑常侍的李谐为正使，吏部郎卢元明、通直侍郎李业兴为副使，出使梁朝，梁武帝接见了他们。梁武帝和他们交谈，李谐等人都对答如流。接见结束后，李谐等人走出殿门，梁武帝目送着他们渐行渐远的背影，感慨万千地对梁朝官员说："我现在可遇上了劲敌了，你们这帮人常说北方没有一个人才，眼前这几位是从哪里来的呢?"当时，东魏的国都邺城内够称得上"风流人物"的，是以李谐和陇西人李神俊、范阳人卢元明、北海人王元景、弘农人杨遵彦、清河人崔赡为首的强大的人才队伍。

当时南朝和北朝外交关系十分友好，各方都特别重视在外交活动中派出本国最有才华的人物，以向对方国家展示本国的风采。每当南方梁朝的使者到达邺城，官民倾城而出并为之欢腾，国亲贵戚的子弟都盛装聚众围观典礼，并且赠以丰厚的礼物，梁朝使节下榻的仪馆门前就像闹市一般。

577 年，北齐为北周所灭。原北齐的国子博士熊安生，特别精通《五经》，听说周武帝进入原北齐都邺城的消息后，马上让家人洒扫门庭。家人莫名其妙，问他何故。熊安生回答："周帝重道尊儒，必将见我。"不一会儿，周武帝就来到熊家，硬是不同意熊博士对他下拜行礼，还亲切地握着熊安生的手，拉着他和自己并坐，并给予他特别丰厚的赏赐，还给他配发了驷马专车。

当日，周武帝还差人专程到原齐中书侍郎李德林家传达口谕："先生您是朕平齐国最大的收获。我原来担心您跟随齐王逃亡，没想到您仍在邺城，令我特别宽慰，若您方便请立即进行宫和我相见。"李德林进行宫，周武帝就派出内史宇文昂向他请教齐国风土人情政治教化，重要人物的善恶优劣，并且在行宫留宿三天才回家。周武帝邀请李德林陪自己一起回长安，授李德林内史上士（秘书长）。此后，周武帝颁布的诏书、公文、法令等重大事项，全部委托给他。

隋开皇九年（589 年），一统天下的隋文帝派人把陈朝灭亡的消息告诉了陈朝重臣许善心。许善心闻讯"衰服号哭于西阶之下，藉草东向坐三日"。隋文帝专门给他发来圣旨进行劝慰。第二天，用诏书请他进入隋朝官府，拜通直散骑常侍，并赐给新官服。但他仍然为陈亡伤心至极，进入室内就换上"衰服"，次日朝会时竟然情绪失控，趴在殿上伤心得站不起来。隋文帝环顾左右说："我平陈国，唯获此人。既能怀其旧君，即我之诚臣也。"于是，下诏让许善心仍以原陈国的职务出任隋门下省最高长官。

隋文帝灭了陈朝之后，终于获得了南朝宋、齐两代的传统乐器，以及江南地区的音乐家。他就让刚归服的乐工用刚缴获的传统乐器在朝堂上演奏，听后感叹："此华夏正声也！"于是，按照五音将这些乐曲分好类，以备祭祀和外交等重大国事活动演奏。下诏让太常卿专门设立"清商署"来掌管。

等到隋完全统一后，原来天下各国历代的文物器具，全部被征集到中央专门设立的文化机构——乐府之中。

大动荡、大分裂直接导致了原本完整的中华传统文化被人为地分解，分散到各自为政的割据地方，图书、典章、文物、音乐、人才等诸多文化的承载体和传播媒体随之四处散落。这些支离破碎的文化碎片，无法形成完整性和统一性。只有文化的统一，才有可能最终实现并维护政治统一。因此，最大限度地获取自己已经拥有部分之外的文化，成为这个时期分裂各方的终极目标。文化是无法用战争获得的，而必须采取尊重的态度才能得到。这正是各方政权相互认同、欣赏，从而追求获取对方所拥有的文化，以求不断自我完善的原因。在此进程中，各政权、各民族同步进行着深度融合，直至再度实现大统一。这正是较长时期保持大分裂状态的心理基础，也是最终走向大统一的社会根源。

元清两代制度得失

700多年来，中国历史上出现了两个异族入主中原的王朝，即蒙元和满清。二者都是文明相对落后的民族靠武力征服先进民族而建立的。蒙古人在入主中原后，仍想以落后的制度继续统治中华；而满清只以武力征服了中原的土地，自己的内心却被汉族的制度文化所折服。因此，元朝虽强大一时，却不足百年；而清朝享祚近三百年，确实发人深省。

元朝按照种族和地域，把全国人口分为四等：一等蒙古人（“国人”）；二等色目人（“诸国人”含西域各部族，共三十余族）；三等汉人（即黄河流域原属金统治区的中国人）；四等南人（即长江流域及其以南，原属南宋统治区的中国人）。

至治二年（1322年），禁汉人执兵器出猎，禁习武艺。至元三年（1337年），禁汉人、南人学习蒙古和色目文字。同年，右丞相伯颜向皇帝建议，屠杀张、王、李、赵、刘等五姓汉人，好在顺帝没有同意。同年，禁止汉人、南人、高丽人持兵器养马。至元五年（1339年），重申禁止汉人、南人、高丽人持兵器的禁令。早先，中使别迭等就向成吉思汗建议：“虽然得到汉人，也没有什么用处，不如将其斩尽杀绝，只要留下空地，使草木畅茂，我们可以改作牧场。”若不是耶律楚材极力劝阻，此种族灭绝的建议就可能成为国策。

据马可·波罗记载：“所有的中国人都厌恶大可汗（元世祖）的政体，因为他所派地方行政首长多为鞑靼人（蒙古人），尚有色目人，其视中国人（原来中原及江南的中国人）为奴隶，使之无法容忍。”

而清入关后，立即从“满蒙一家”转向“满汉一体”。康熙十九年（1680年），谕绿旗部队：汉族叛乱只用汉兵平剿，清朝作战皆重用汉人。满族人虽然靠武力征服了汉人，却在精神上崇尚汉化。满汉民族起码在法律上平等。满人世袭旗籍，汉人和蒙古人照样可投旗入籍。

忽必烈每年夏季都返回上都避暑，元朝历代皇帝均袭承这个传统。究其心理因素，如同北魏孝文帝迁都洛阳之后，不愿意迁都的鲜卑贵族仍然依恋故都平城，不辞劳苦地做起南北两地的“雁人”。而清朝入关后再回盛京祭祖则是若干年一次的礼仪象征。“满汉一体”的同时，清朝还要让蒙古贵族心悦诚服地接受清朝封号，并心甘情愿地接受清朝改编。有的蒙古王公世代在北京养尊处优。这看似莫大恩宠，但实质上也是将蒙古诸王供养在北京作为政治人质。蒙古王爷在北京“遥领”封地，封地臣民心系王主，不敢妄生枝节；而远在北京的王主，有心为乱也鞭长莫及。

元政府一直处于马背上的流动状态。入主中原之后，也无稳定的中央政府，将战争所夺之地连同土地上的人口作为“封禄”（元时称为“投下”）分赐贵族。这是元世祖继承下来的蒙古传统，他分赐给王公勋臣“封禄”多达150例。这部分原本是朝廷的劳力就成了私人的农奴，本须上缴朝廷的赋税却成为私人的财源。“封禄”大小不一，从十万户到数十户。这种怪异的分赐，使被封人、政府及其“封禄”之间，甚至中央政府和地方政府之间都产生了许多复杂的矛盾和纠纷。虽然它比早年种族灭绝和“退耕返牧”有所改进，但放在整个历史中来看，依然是严重倒退。“周回万里，无非牧地”。它把已经获得人身自由1500年的农民，退化为农奴。管理制度甚至社会性质都向半奴隶社会退化。

蒙元最高统治者根本不知“赋税”为何物。耶律楚材曾开导大汗：“中原地税、商税、盐、酒、铁冶、山泽之利，岁可得银五十万两……何谓无补哉?”窝阔台汗十一年（1239年），大富豪刘廷玉等向朝廷上奏，申请出价银一百四十万两“扑买”。“扑买”就是商人出价，以承包方式购买到全国的赋税征收权。不久，朝廷就把天下各路的课税以二百二十万两的价码“扑买”给了回回人奥都剌合蛮，并且为了帮助他完成“扑买”的金额还任命他为“提领诸路课税所官”，虽经宰相耶律楚材苦谏力阻仍无济于事。

从顺治元年（1644年）至康熙四年（1665年），清政府共进行了三次大规模的圈地运动。华北“圈地”首当其冲，被圈之地的所有人户被强迫迁出，将该土地上的农田、房舍，划拨给刚从关外征战至此驻扎的八旗满人使用。在此过程中，最大的受益者是满洲八旗，他们很快从侵略军转变为当地的保护人。受到分赐的王公贵族和士兵再依靠这些田土解决生活所需及出征的军事装备。“圈地”为清统一全国发挥了重要作用，在统治之初是一种必要手段，但是依然是一种伴随武力的强制手段。康熙亲政之后，于康熙八年

(1669年)，将这种战争状态下的权宜之计断然废止。

元仁宗皇庆二年（1313年），元朝举行第一次科举，此时距开国已42年，离亡国仅55年。元朝共举行会试13次。终元世祖之世，一直没有开科取士。元政府各级、各单位中的首长均为蒙古人。蒙古人和色目人另开一科，有专门的试题，而被录取人员只能在基层组织中任闲职。显然，这种科举对“汉人”和“南人”而言并没有意义。科举的偏废，使读书人在元朝沦为社会最底层。

元朝社会分十个等级。陶宗仪《辍耕录》的说法是：一官、二吏、三僧、四道、五医、六工、七猎、八民、九儒、十丐；另一说法是：官、吏、僧、道、医、工、匠、娼、儒、丐。两种分法基本一致，都把读书人排到第九等，只是中间略有不同。第二种分法竟然把娼妓放在读书人之前。中国自古以来占重要地位的士人（元称“儒”，即读书人），在元代失去了往日的辉煌。不仅被排列在工匠之后，即使在心理上神圣的“士人”也被当作手艺人看待。

1644年，满清入主北京，就通令前明所有官员以本官被清朝继续留用，次年就迫不及待地开科取士。清朝科举中最高级别的考试——殿试，则由皇帝亲自出题主考，进士皆称“天子门生”。每三年开科一次，直至光绪三十年（1904年）清朝最后一次科举考试。恰逢西太后七旬万寿，故将正科改称为甲辰“恩科”。终清之世，科举从未停止。这样既收买民心，又巩固和加强了异族王朝对全国的统治。

元代诸帝多“不习汉文”，甚至有行省官员无一人懂汉语。世祖之时“江淮一行省无一人通文墨者”。至元二十九年（1292年），河南、福建行省请诏用汉语。诏以蒙古语谕河南，以汉语谕福建。

有的蒙古贵族到地方任官，执笔署事，写“七”字之钩不向右转而向左转，“见者为笑”。《辍耕录》载曰，“今为官者蒙古色目人多不能执笔花押，例以象牙或木刻而印之，宰辅及近侍官至一品者，得旨则用玉图书押字”。

世祖时，南人间有入台省者。成宗以后，台省有汉人，无南人。至元以下，执政大臣多由吏进。中州小民粗识文字能治文书，得入台阁共笔札，积日累月，可致通显。朝廷禁止汉人学习蒙古文、色目文，法律又明文规定：凡五品以上官员奏报，须以蒙古文为正本。

元朝的儒臣为向皇帝“进讲”，须先将汉语翻译成蒙古文。世祖虽有一定程度的汉语水平，仍不能脱离翻译。只有最后两代皇帝——文宗和顺帝汉语尚可。元朝帝室不习汉文，却走上一条邪路。顺帝信西天僧演揲儿法，从西方僧习“行房中运气术”。顺帝竟率喇嘛僧公开行淫，甚至涉及官员妻女。

早在清朝入关之前49年，即万历二十三年（1595年），龚正六（浙江绍兴府会稽县人）就给建州女真部首领努尔哈赤当师傅，并兼任太祖诸子的老师，受到最高的礼遇。有个叫歪乃的人在太祖帐中掌管文书，因他来自明朝，则被称“上国人”。太祖亲信侍卫中有许多汉族读书人。太祖“精通汉语”，言必称汉唐，奉明制为圭臬。

太祖身边尚需翻译，顺治皇帝已经无须翻译。康熙、乾隆本身就是精通琴棋书画的汉学家。少年康熙只有在亲切地称呼外国传教老师汤若望为“玛珐”时，才使用满语。雍正几乎全用汉语，只有看到八弟胤禩、九弟胤禟谋逆罪状时大大震怒，才失口用满语大骂

“塞斯黑”“阿其那”（意为猪狗）。后世皇帝仅在个别称谓上保留使用满语的习惯。

清皇室学校把汉语作为必修课程，诸皇子的老师都是当朝有名的国学大家。整个满清是满人保持主动汉化的态势，并且比前朝的国学氛围更浓。

两汉盛世之后缘何分裂

中国历史上，两汉是一个顶峰。在人类文明长河中，散发着辉煌的光芒，就像充分燃烧而释放出的熊熊烈焰。可就在这次燃烧过后，耗尽能量的大汉朝廷的万里江山，成为一堆爆炸后的碎屑。

汉代选拔制度，使中央集权的政治体制下，出现了官吏群体的多元化忠诚。应该说，从秦的军功制到汉代的选举（举察、征辟）制是选官制度一次巨大的历史进步。然而，随着历史的发展，时代的变迁，在开创初期本来还相对科学和合理的汉代选官制度，日益产生和暴露出了各种弊病。“举察”是皇帝下诏，由全国州郡向朝廷推荐道德力和行政力很高的人做“和平官”；“征辟”则是国家因待战争或者突发事件而随机选取官员的制度，“征”是以天子名义选取，而“辟”则是州郡直接选取。无论什么名目，选取什么官员，每种选官制度的关键环节都在州郡地方。因此，州郡直接选取官员的人（一般是州郡的最高长官），自然就成了被选取者走上仕途的领路人。他们之间也就产生了一种特殊的“师生”关系，被选者都认同选者是自己的恩主，自己则是选者的“门生”。这样一来，被选者认为提拔自己的首先是主公，其次才是朝廷皇帝。这必然打破原来臣子对皇帝的一元效忠模式，而变成部属对主公的第一效忠原则，再考虑对皇帝的效忠。甚至出现，门生宁可得罪、背叛皇帝和朝廷而誓死追随主公。这种制度产生的离心力可能是后来分裂的原因之一。

汉代军队逐渐私有化，使皇帝成为傀儡，大小军阀重重割据地方。汉代军队分为中央和地方两大系统，中央军与地方军之间、各个地方的军队之间互不统属，部署犬牙交错，兵力相互牵制。这样有效地防止了军队的反叛，却给后世军阀割据埋下祸根。为了保证各级将领对所属部队的指挥控制，将领们都拥有一支亲卫队，占所统辖部队员额的十分之一，而且是本部的精锐，并且享有很大的特权。这批庞大的亲卫队就充当了日后汉中央和地方军队私有化的警犬和打手。由此产生的大小军阀以其军事实力来反复瓜分土地和人民，进而形成军阀割据。本来是中央军，在各地征讨叛乱的过程中逐渐地方化，原来地方长官为加强地方统治也在不断地扩充部队，中央实际控制的军队日趋于零，皇帝成为光杆司令。黄巾起义后，在中国南方兴起一种武装组织“宗伍”，也被官方史书称为宗贼。他们从保护整个宗族的安全，发展到扩大地盘，劫掠郡县。据唐长孺先生考证，宗部、宗伍是集聚宗族而成的部队。在汉末这种以宗族乡里的关系而组成的武装集团，分布之广，遍及全国；影响之大，危及州郡国家。这两种无论是政府，还是民间的军事力量都在日益演变为与朝廷分庭抗礼，甚至出现要争夺皇权的天下枭雄——大军阀。这是汉朝后来走向分裂的致命硬伤。

汉代社会的返原始化，是百姓向往“世外桃源”的无政府状态。汉代土地过度兼并，战乱连年，许多老百姓为躲避战争、动乱，逃避赋税、徭役，纷纷逃往深山老林，在原本“无冻馁之人，亦无千金之家”的江淮以南的广大山区，过上陶渊明笔下“世外桃源”的返原始化社会的生活。在这里山高皇帝远，朝廷和官府鞭长莫及，政治上可以追求人人平等，经济上自给自足，真可谓“鸡犬之声相闻，老死不相往来”。人们逃避动荡的现实社会，自发组成了这种理想社会。从历史上“山越”送太守刘宠的记载，我们可以感受到这种社会现象存在的合理性与合法性，也能想象到它的普及性和广泛性。史册把南方吴越之地这种小社会称为“山越”，把北边诸少数民族地区的这种现象称为“山胡”，而把南北方广大地区的此类现象称“山民”……可见，这种朝廷和地方政府无能为力，各个军阀对它熟视无睹，经济规律对它毫无意义的特殊社会形态，在全国已经相当普遍，而且它不仅仅是一个个经济利益的独立集团，更像是一个个自由而独立的王国。随着时间的推移，一开始由老百姓自发组织的社会区域日渐被大族所把持，并由此产生了宗主和山区内部自治的组织机构（包括山民武装）。这从经济社会和民意方面，均否定了汉政权存在的实际意义。

皇权制度下藩王的命运

作为皇帝的叔伯兄弟子侄，这些离极权仅仅一步之遥的人，既是皇权的受益人，同时也是帝位的觊觎者，对极权的欲望永远是这些天堂地狱间的过客们挥之不去的灵魂毒瘾。

严格地说，只有被封王爵的人才能称为王爷。而实际上，因为皇帝的儿子和兄弟们基本都能封王，他们的子孙也可以承继王位，“王爷”就成了宗室男子的代名词。皇位在传承过程中，有时父子相传，有时兄终弟及，有时立长，有时立嫡，有时立贤，有时立功，这些都是制度，因人而异，莫衷一是。因此，凡宗室之中的男子都有可能成为皇位继承人。禁锢、优崇……皇帝对宗室的目的只有一个，就是想既用他们巩固皇权，又不致让他们威胁帝位。于是，历代皇帝与宗室斗争此消彼长，宗室的命运也由此在天堂与地狱之间循环往复。

兵强马壮是皇权最有力的挑战者。汉初，汉高帝刘邦与部将定下“白马之盟”：非刘姓不得为王，无功不得封侯。于是，把沛县丰邑中阳里的所谓“彭城刘氏”定为皇族（其实已经是扩大化的），刘姓诸侯分封于全国各地。从国家的根本制度上确立了刘氏宗室至高无上的贵族地位。原本想让宗室封国和地方郡犬牙交错，相互牵制，共同拱卫皇权，谁知王爷们虽然富可敌国，贵极人臣，却不甘心永远做王。王爷们处心积虑，煮海为盐，冶山为铜，铸造货币，招兵买马。景帝前元三年（前154年），汉景帝被迫采取了晁错的削藩建议，却立即引发吴楚等“七国之乱”，这些已经尾大不掉的王爷们，竟然打着“诛晁错，清君侧”旗号起兵造反，矛头直指皇帝。汉武帝原则上继承了其父景帝的削藩政策，只是策略上更讲究稳妥，在他颁布“推恩令”后，诸侯在乐于把自己王国的土地分封给自己子弟的同时，这个王国也从此开始自我瓦解。不久，天下诸侯“大国不过十余城，小侯不过十余里”，宗室诸王不再对中央构成威胁。

从汉“七国之乱”到晋“八王之乱”，直到封建社会在中国的最后灭亡，宗室王爷们始终没有放弃对皇权的觊觎，祖宗们原本想让他们帮助加强皇权的梦想，却阴差阳错地变为夺取皇权的噩梦。在中国历史上，有一位王爷算是历史的幸运儿——他就是明代的燕王，也就是后来的明成祖朱棣。

明洪武三十一年（1398年），明太祖朱元璋驾崩，因太子朱标早逝，故由太孙朱允炆继位（谥号惠帝，年号建文）。文弱年少的建文帝刚登基，就看到自己的叔叔们个个手握重兵如狼似虎。于是他被迫削藩，先抓周王，贬为庶人，远迁云南蒙化。次年（建文元年，1399年）再废岷王，逼迫湘王自焚，废齐王，复囚代王……诸王震惊中，只有燕王伺机而动。燕王是太祖的第四子，洪武三年十岁时受封燕王。建文元年（1399年）七月，燕王朱棣起兵发动“靖难之役”，打的旗号竟是当年太祖皇帝要诸王在必要时“清君侧”的祖训。十月，朱棣北上攻取大宁（内蒙古大宁），生擒宁王朱权。十一月，朱棣还军北平（北京），大破明军。建文三年（1401年），燕军再次南下，三月于山东大捷。同年十一月，朱棣回师北平，调整战略为“不攻坚城，直指南京”，十二月率军再度南征。建文四年（1402年）二月，燕军淝水大捷，四月攻取灵璧。五月，强渡黄河，兵临长江。六月，燕军渡江，谷王等人开城归降燕王。城破之夜，建文帝焚宫，不知所终。燕王朱棣就成了明成祖。

明成祖朱棣自己以藩王之身夺取了侄子的皇位，却又总怕后世子孙以此为例向自己的嫡传皇帝挑衅。于是，他设计出了一种既保证诸王无力问鼎皇权却也不亏待他们的办法，然而真有这样两全其美的妙计吗？

许多罪不至死的王爷被终身“圈禁”。这是一种不亚于死刑的残酷刑罚。西汉昌邑王刘贺即为一例。元平元年（前74年），汉昭帝刘弗陵病逝，昌邑王刘贺被立为皇帝。可是他仅在位27天即被废黜，此后被放逐到昌邑故国。十年之后，元康二年（前64年），太守张敞在给皇帝的报告中，详细汇报了他的一举一动：“故昌邑王为人，青黑色，小目，鼻末锐卑，少须眉，身体长大，疾痿，行步不便。察故王衣服、言语、跪起，清狂不惠。臣敞前言：‘哀王歌舞者张修等十人无子，留守哀王园，请罢归。’故王闻之曰：‘中人守园，疾者当勿治，相杀伤者当勿法，欲令亟死。太守奈何而欲罢之？’其天资喜由乱亡，终不见仁义如此。”当时的汉宣帝看到这个报告才放心，无须再防范这位昔日的王爷了。

“煮豆燃豆萁，豆在釜中泣。本是同根生，相煎何太急。”这首著名的《七步诗》，正是魏文帝的弟弟、王爷曹植所作。这首诗形象地反映了当时皇帝对宗室的迫害。史册记载：“黄初以来，诸侯王法禁严切。吏察之急，至于亲姻皆不敢相通问。”曹植三番五次连篇累牍、言辞恳切地劝谏侄儿魏明帝对宗室开禁，而明帝仅以“今令诸国兄弟情礼简怠，妃妾之家膏沐疏略，本无禁锢诸国通问之诏也。矫枉过正，下吏惧谴，以至于此耳。已敕有司，如王所诉”等虚辞遮掩。魏太和五年（231 年）八月，魏明帝在一份诏书中说：“朕惟不见诸王十有二载。”可见当时皇帝对宗室王爷们禁锢到什么地步。魏文帝对诸王采取了过分高压的压制政策，虽然使宗室再无机会和能力问鼎皇权，却导致了后代皇帝孤立于权臣的股掌之间。西晋吸取了魏的这一教训，矫枉过正地采取以强诸王进而强皇权这一水涨船高的政策，却适得其反地引发“八王之乱”，导致了自相残杀、外族入侵、国破家亡的结局。汉魏对王室的过度禁锢，加上晋初对之的过度放纵，以致宗室腐化堕落到极致。可见，这共同导致王室（皇帝和宗室）腐败无能，王朝因此渐次衰微。

明代第三位皇帝——成祖朱棣是以燕王身份夺取了侄儿建文皇帝之位，因此他当皇帝之后对藩王实行养尊处优的政策，但其核心却是以“不临民、不统兵”为原则的。这也成为大明帝国日后的祖制。这样一来，虽然藩王在政治和军事上不再对中央皇权构成威胁，但优养宗室形成的沉重负担，最终还是把大明帝国拖入灭亡的深渊。

明太祖的制度，皇子封为亲王，其护卫少者三千人，多至万人。然在北边九镇的亲王，其护卫均超过此数。亲王的长子立为世子，其他诸子则封为郡王，以后各世子孙均有封爵，六世孙以下为奉国中尉。到成祖之后，庞大的皇族宗室既不能从事士农工商之类的职业，也不能出来当官统兵，只是坐享俸禄。明初宗室人数尚少，但到了明末时，宗室人数达到三十多万人，给国家带来了沉重的财政负担。

皇子之中，一般由嫡长子继承皇位，其余诸皇子皆封亲王，亲王之中也是嫡长子继承亲王爵，其余封郡王，郡王之中也是如此，以此类推再到将军、中尉……宗室之女也是如此，皇帝女儿为公主，亲王之女为郡主，以此类推到县主、郡君、县君……亲王每年禄米 1 万石，郡王 2000 石，等级最低的奉国中尉也有 200 石之多。即使被贬为庶人，供给依然不减。除禄米之外，生活用品供给等都一应俱全。婚丧嫁娶都有赏赐，万历的儿子福王婚礼的赏赐几乎耗尽河南、山东等多省的财税，外加 2 万顷良田。

至明万历时，有报告说，每年供给宗室之禄米多达 853 万石，而帝国全年的田粮赋税总额仅为 2284 万石。洪武皇帝有个孙子叫朱济炫，封庆成郡王，他生了一百个儿子，除嫡长子袭郡王爵外，其他均封镇国将军，他们一家兄弟每年的禄米就要 10 万多石。明末无论是与农民军打仗还是与关外清兵作战，节节败退的重要原因是粮饷不济。试想，如果少供给宗室一点禄米，也许大明帝国将会是另一种结局。

无论是上天堂，还是下地狱，王爷们总是在皇帝的股掌间，全力与皇帝博弈，在极权与亲情的缝隙里生存。即使皇帝绞尽脑汁想出颁发“丹书铁券”、册封“铁帽子王”等办法来调和宗室和皇帝的关系，但终归无济于事，甚至事与愿违。

“丹书铁券”的美梦悲歌

大明天启七年（1627 年）十二月，受赐丹书铁券一年零两个月的肃宁伯魏良卿即将被朝廷斩首。临刑前，他痛哭哀号：“我本来就是农家孩子，小时想着自己将来能扛上锄镐就算不错了，哪儿知道什么是富贵啊？谁知突然间，那伙人今天称我功大，明天颂我有德高，说我功德盖世，就应当封显爵拜高官。我不该做大太监魏忠贤的侄子啊，就因为这个有人才把官服和封册强加给我，用狗屁富贵逼迫我。我有什么罪啊！”封建时代最高的特权凭证——丹书铁券为何在此一瞬之间，竟然成为一纸空文？

何谓“丹书铁券”？中国历史上有确切记载“丹书铁券”始于汉高帝六年（前 201 年）。西汉司马迁在《史记·高帝本纪》中记载：“甲申，始剖符封诸功臣为通侯。”唐初颜师古注：“剖，破也；与其合符而分授之也。”《周礼·秋官·司约》记载：“书于丹图。”汉代郑玄注：“今俗语有铁券丹书，岂此旧典之遗言。”“丹书铁券”是封建帝王颁赐给功臣世代继承官爵及免罪甚至免死等特权的铁质契书。

“符”也就是通常所说的“契”。“丹书铁券”是从材质而言，以铸铁为契，以丹砂书写文字，将皇帝特别承诺用丹砂写在“铁券”上。“金匮石室”则就其保存的方式而论，将铁券装进金匮藏于用宗庙内石筑密室之中。东汉班固《东观汉记》之三《孝恒皇帝》载：“盖登有璧二十，珪五，铁券十一。”铁券分左右二半，左边部分颁赐功臣，右边部分藏内府（存档）。如遇该功臣或其后代有犯罪者，即行取铁券两部分合符勘验，再根据铁券上的文字记录“推念其功，予以赦减”。铁券最初仅作为一种加官晋爵封侯的凭证，并无免罪和免死等特权。《后汉书·祭遵传》：“丹书铁券，传于无穷。”这只是皇帝和功臣自欺欺人的黄粱美梦而已。

南北朝时期，各方政权为了招降纳叛，纷纷以铁券和投奔者“约以不死”。北魏孝文帝为宗亲、近臣颁授铁券成风，大臣甚至向皇帝乞求铁券，作护身之符；隋唐以后，颁发铁券已成为常制，凡开国元勋、中兴功臣以及归附的少数民族首领皆赐予“铁券”，宠臣、宦官也有获“铁券”者。自隋开国，“铁券”上的丹砂填字渐渐改为用金填字，故后世又将其称为“金书铁券”。

宋太祖赵匡胤以“黄袍加身”，夺取了后周柴氏的皇位，为柴氏颁赐“丹书铁券”。明洪武、永乐之世再兴“丹书铁券”之制。“丹书铁券”作为一种制度，最终与大明王朝同消俱亡。

丹书铁券制度设计的初衷，是褒奖功臣，表彰忠义。然而，任何制度都要在其特定的条件下，才能体现合理性。此制首先是要适用于忠于朝廷的功臣。换言之，如于不忠无功者，不但达不到预期效果，反而会成为谋反的借口，为其叛乱嚣张之势火上浇油。

唐德宗建中四年（783年）十月，原本奉皇命处置叛乱的泾原军途经长安突然哗变，皇帝逃到奉天（今陕西乾县）。乱军拥立朱泚立国称帝，德宗皇帝派使者到河北召兵讨逆，朔方节度支度李怀光率兵勤王。李怀光所部将士，克服道路泥泞，从蒲津强渡黄河入关，在醴泉打败朱泚的精锐骑兵，驰援仓皇出逃奉天的德宗。李怀光又在途中击溃朱泚乱军，朱泚被迫引残兵退回长安，终解奉天之围。救驾有功的李怀光却遭人谗言，未能见到近在咫尺的德宗皇帝。由此，心生怨恨。兴元元年（784 年）二月，惊魂未定的德宗皇帝害怕李怀光生变，想以示恩笼络。于是，为已经位极人臣、身兼将相的李怀光加官太尉，增封食邑，还特意赐给李怀光丹书铁券，派出神策军右兵马使（禁军参谋长）李卞为使者专程宣谕圣旨。李怀光竟然当使者面，"咣"的一声，把历来被视为神器的铁券扔在地上，大发怨言："皇帝这是怀疑我李怀光吗？'人臣反，赐铁券'；我李怀光本来不反，现在皇帝赐我铁券，这不是明摆着逼我造反吗！"很快，李怀光起兵造反，不仅向德宗皇帝宣战："我现与朱泚联合，皇帝应该躲避我军锋芒。"并出兵追击逃往梁州的德宗。由此，可见丹书铁券当时已经严重贬值，甚至有负面效应。在李怀光这样手握雄兵，又心怀怨望的大军阀看来，落难出逃的皇帝，给自己颁发丹书铁券，是迷惑，是示弱，还是欺骗？至此，这种神器适得其反。

然而"丹书铁券"并不能保全功臣的身家性命。功臣受此褒奖，理应备加珍惜，必须誓死效忠朝廷方为有益。如有功臣得此奖励，得意忘形，甚至于萌生祸心，那丹书铁券只能成为他身家性命的催命符。

唐贞观十七年（643 年），唐开国功臣、吏部尚书侯君集竟然被处斩弃市。作为凌烟阁二十四功臣排名第十七位的元勋，《旧唐书》本传中明确记载：“（贞观）十一年（637 年），（侯君集）与长孙无忌等俱受世封。”太宗皇帝颁赐他“丹书铁券”。令人遗憾的是这也没有保全这位大功臣的身家性命。

侯君集于大唐功莫大焉，于太宗情莫深焉。唐高帝武德九年（626 年）六月初四日清晨，秦王李世民率侯君集等发动玄武门政变，伏杀太子李建成、齐王李元吉。三天后，唐高帝李渊被迫立李世民为皇太子，并很快禅位于李世民，是为唐太宗。日后，侯君集与房玄龄、杜如晦、长孙无忌、尉迟敬德五人并功第一。随着李世民从秦王到太子，再到皇帝，侯君集也如影随形地升任左卫将军。太宗刚即位又封侯君集为潞国公。十月，再赐封侯君集食邑一千户。贞观四年（630 年）十一月，侯君集升为兵部尚书，统率全国军队，参与朝政决策，成为太宗朝核心人物。

贞观十七年（643 年）初，唐太宗为表彰纪念二十四位开国功臣，修建凌烟阁，悬挂敬奉着大画家阎立本所画的这些功臣的画像，侯君集名列第十七位。贞观九年（635 年）三月，侯君集和李道宗率领南路大军，征讨反叛的吐谷浑国王伏允可汗。侯君集率军横穿戈壁大漠，行军 2000 余里，途中断水，“人龁冰，马啖雪”。最终大破敌军，伏允可汗走投无路，自缢身亡。吐谷浑之战大获全胜。贞观十年（636 年），侯君集与长孙无忌等人都受到了世袭封赏（颁赐铁券），朝廷授予侯君集陈州刺史之职，后改封陈国公。第二年，唐太宗任命侯君集为吏部尚书，授予光禄大夫爵位。侯君集成了管官的官，朝野仰慕。

贞观十四年（640 年），唐朝西部属国的高昌国王麴文泰，竟然切断西域通商，并且拒不入朝。太宗任命侯君集为交河道行军大总管去讨伐高昌国。侯君集率大军到达碛口，麴文泰病死，他的儿子麴智盛继位。在兵临城下的重压之下，麴智盛只好归降。侯君集分兵收复各地，俘获国王麴智盛及其文武官员，立石碑记功凯旋。

侯君集因私吞战利品，下狱受审。太宗念他有功劳，将其释放了。后来，为此心生怨气的侯君集竟然勾结人谋反，太宗一直没有追究。贞观十七年（643年），侯君集勾结东宫千牛（太子卫侍长）、他女婿贺兰楚石，煽动太子李承乾谋反，多次进入东宫密谋。

反迹败露后，侯君集被拘捕。唐太宗为了保证侯君集不受官吏审判侮辱，亲自审问他。侯君集认罪后，太宗又替他向宰相求情。群臣坚决反对："君集之罪，天地所不容，请诛之以明大法。"太宗无奈，流着泪地对侯君集说："与君长诀矣！"临刑前，太宗痛哭流涕，对侯君集说："吾为卿不复上凌烟阁矣！"

开国元勋地位没有保住他的命，赫赫战功没有保住他的命，皇帝的求情也没有保住他的命，甚至于"丹书铁券"都没有保住功臣的命。"君子立功，守以谦冲；小人得位，足为身害。"即使立下盖世奇功的元勋，也要保持谦虚谨慎，忠贞奉公。这才是功臣真正的自安之道，而并非寄托于"丹书铁券"。

随着历史的发展，丹书铁券由仅封爵之用，演变成了免罪之"契"，甚至成为免死之"符"。所赋特权由受封者本人，延及子孙后代，免死之数竟由一死至三死。随着铁券所列特权的扩大，铁券数量的增加，其本身真正的价值却在急剧下降，铁券特权日益贬值。

铁券之制原本是为了加强皇权，巩固王朝统治。但是在历史的进程中，却产生了适得其反的结果，这是颁赐它的最高统治者始料未及的。因为铁券的滥赐，日益分割并削弱皇权，导致了王朝政权的衰微，最终走向灭亡。

汉高帝刘邦颁赐了中国历史上最早的“铁券”，“始剖符封诸功臣为通侯”，并且大封同姓。他世封功臣和大封宗室的初衷是，两大贵族集团相互牵制而共同拱卫皇权。而历史竟然与汉高帝开了玩笑，最终事与愿违。先是首封功臣淮阴侯韩信谋叛，后有同姓诸王“七国之乱”。作为首封功臣、开国元勋的韩信就是因为汉高帝颁赐“铁券”，助长了叛逆之心。汉景帝三年（前 154 年）即韩信谋反伏诛 42 年之后，宗室七王竟然联合起兵反叛，这怕是当年大搞分封的汉高帝怎么也不会料到的！当此之时，对于风雨飘摇之中的汉朝而言，无论是他当年与群臣“白马誓盟”，还是所谓的“丹书铁券”都形同虚设。

虽然七国之乱在三个月之内被汉中央政府平息。汉景帝趁势收夺各诸侯国的特权。同姓诸王权力被大大削弱，分裂割据势力由此遭到致命打击。从表面上看，基本解决了高帝分封王制度的后遗症，也好像加强了中央集权制度。但实际上，大汉王朝的皇权也在此过程中遭到重创。纵览历史，汉世之后，几乎没有被外来势力直接推翻的王朝，而大多都是被受本朝颁赐“丹书铁券”的权臣所取代。

清代，“丹书铁券”制度形式虽被废止，但是世袭罔替的“铁帽子王”之制，实际上又是“丹书铁券”制度的变种和异化。然而，清朝的“铁帽子王”被剥夺爵位者亦不在少数，仍然难逃与“丹书铁券”同样的历史厄运。

“轻重失当”导致盛唐天下大乱

唐玄宗时代是中国封建社会的鼎盛时期，突然发生的“安史之乱”，使大唐瞬息间由盛转衰，看似一夜之间的突变，其实有其深层次的政治、军事等制度性原因。唐代选官制度和理念上的“重内轻外”，导致官僚集团内部的分裂，占官员总数86%的广大地方官普遍与朝廷离心离德。府兵布局上的失衡，使得与“重内轻外，以重驭轻”的初衷适得其反。募兵制把国家军队变为节度使的私人武装，使藩镇最终沦为颠覆朝廷的“独立王国”。可见，唐朝大乱的祸根深植已久。

唐代重内轻外的选官制度和理念，使官僚集团内部产生严重分裂。唐代官员总额为18805员，其中内官（中央机关官员含首都长安地方官）2620员，占总额14%；外郡县（除首都长安以外的地方官）16185员，占总额86%。官员进京任职感觉是一步登天，然而这毕竟是少数，广大地方官员总感觉自己是被朝廷贬官、打入另册，甚至有被抛弃的心理。这种怨恨就使他们与朝廷相对立，潜意识中认为，如果发生动乱，他们才能有出头之日，这成为日后动荡的根源。

唐玄宗开元二年（714年）正月，可能已经发现开国以来选官“重内轻外”政策弊端的玄宗皇帝颁布诏令，选拔京官中有才识的任命为地方军政长官都督、刺史，同时地方军政长官都督、刺史有政绩卓著者任命为京官，这样使得官员朝廷到地方，地方到朝廷，双向流动，并且今后要成为一项长期实行的政策。但此举仅成一纸空文。事实上，在开元二十四年（736年），宰相李林甫为了蔽塞玄宗视听，达到独揽大权的目的，公开召集全体谏官训话：“今明主在上，群臣将顺之不暇，毋庸多言！诸君不见立仗马乎？食三品料，一鸣辄斥去，悔之何及！”谁知有位叫杜琎的补阙还上疏言事，第二天就被“黜为下邽令”。从品级上看他明显是晋升官职，因为补阙一职是武则天垂拱元年置，秩从七品上，职责为对皇帝进行规谏及举荐人才。下邽按当时标准是上县，而当时上县之令为从六品。可见，在朝廷和官员心中，出京即使升官晋职也是贬黜。

《资治通鉴》更有一个精彩的事例：开元四年（716年），朝廷任命尚书右丞（尚书省长官尚书令虚设，此职为实际长官尚书仆射的副手，正四品）倪若水为汴州刺史兼河南采访使。唐玄宗此举是想以此来加重地方大员都督、刺史的威望，所以才选拔京官之中如此有才望的人出任，但是官场上还是很轻视出京外任，并且羡慕外官改任京官。正好，扬州采访使班景倩进京将任大理少卿（正四品），过开封，作为当地长官的倪若水为进京赴任的班景倩设宴接风洗尘。宴会结束后，班景倩神采飞扬地离去，倪若水却呆若木鸡地站立在原地，远望着班景倩的行尘，若有所思，很长时间才转过身来，对部属官员说：“班生此行，何异登仙！”

府兵泛指军府统领的兵士，是唐前期军队的主体。唐高帝武德二年，开始恢复府兵组织，唐太宗贞观十年，太宗整顿府兵制，军府更名为折冲府。全国折冲府最多时有 633 个，其中关内道 261 个，占全国总府数 40%以上，关内、河东、河南三道设府最多，占折冲府总数的 78%，可见唐朝在兵力布置上一直秉持着“以内驭外”“以重驭轻”的原则。

此制度设计的偏颇和后来执行过程的偏差日益显现。开元年间，营州不过 5317 户、18521 人，却设置两府，平均 9 口就有 1 人为府兵；魏州 151596 户、1109873 人，设 18 府，以每府 1200 人计，56 口中才有一人是府兵。整个江南道只设 2 军府，全道有兵不过 4800 人，而且军府所在地皆非大州，甚至有多州无府，如越州、潭州、温州、福州等大州未设一府。

开元天宝年间，天下四边，共十节度经略使，兵力共 486900 人，而安禄山身兼三镇，握 18 万雄兵。从兵力分布上已经出现了“外重内轻”，并且“外重”之势严重，一将之兵已经超过朝廷。大乱之祸已现端倪。

开元年间，对外战争需要以优厚待遇招募训练有素、装备精良、经验丰富的职业化兵员，唐朝也具备以募兵代替府兵的经济实力。募兵制因此而兴起。朝廷原想利用募兵制来解决前期府兵制的问题，可是不仅府兵制问题没有得到解决，募兵制所产生的新问题反而最终颠覆了大唐。

蓄谋反叛的藩将开始全面准备，终将藩镇沦为节度使的“独立王国”。心怀异志的节度使首先扩充自己实力，制造民族矛盾。安禄山假借朝廷招抚名义，竟然私自诱杀辖内各部族酋长。得手后，一方面自己以酋长们的人头到朝廷邀功请赏，另一方面在少数民族民众中散布朝廷杀害酋长的谣言。

反叛前一年即天宝十三年（754 年），身兼三镇的安禄山在同罗、奚、契丹和杂种胡中挑选了精兵，组成精锐之师号称“曳落河”（突厥语“壮士”）。安禄山还突击提拔各层级的将官。首先提拔长期生活在边地的奚、契丹、昭武九姓和同罗等少数民族将军 500 人、中郎将 2000 人。反叛当年即天宝十四年，又任命 32 名胡将替汉人做大将，史称“藩将代汉”。由此，安禄山拥有了唐中央政府权力的十分之二三，并且在三镇之内征伐自专。

实行募兵制后，当兵成为一种职业，兵员和将领之间容易形成私人隶属关系，而军队则变成节度使的私人武装。府兵制废止后，各边镇招兵买马，扩充军队，而中央军日益削弱并减少，唐朝总体军力由“内重外轻”转变为“外重内轻”。

此外，唐朝前期，边将都用忠诚厚道的名臣，不久任、不遥领、不兼统，而且功名卓著的一般都入朝为宰相，以至出将入相，防止形成尾大不掉之势。天宝以来，奸相李林甫杜绝边将入相之路，并主张启用藩将，安禄山之流如鱼得水。

代宗大历八年（773 年），魏博节度使田承嗣为安、史父子立祠堂，竟然公开将四个叛乱元凶赞为“四圣”。穆宗长庆元年（821 年），张弘靖为范阳节度使，上任伊始初入幽州，还不知当地风土人情。因他对“安史之乱”深恶痛绝，就想改变当地旧俗，把安禄山墓给掘开，毁坏棺柩，这一举措居然引发了兵民哗变。而此时距乱发已经 66 年了，可见叛将当日如何骗得民心。

中国古代的门第观念

南朝萧齐第二代皇帝齐武帝萧赜最宠信的大臣纪僧真，觉得自己是皇帝的红人，权倾朝野，但却出身庶族，很想改换门庭。于是，他就央求齐武帝说：“我出身于庶族，自己也是从当地军队的下级吏员起家，恳请陛下准许我当士大夫吧！”齐武帝就设身处地地帮助想办法说：“这种事是由士族领袖江敩、谢瀹做主，我虽然是皇帝但却无可奈何，你还是自己去拜访他们吧。”纪僧真就前去拜访江敩，谁知刚落座，就听到江敩对仆人高喊：“把我的坐榻搬开，让这不速之客赶快走吧。”纪僧真回来垂头丧气地向皇帝诉苦。齐武帝只能叹息道：“士族身份本来就不是可以由皇帝任命的啊。”

东汉末期到魏晋南北朝时期，地方豪强逐渐演变为能够帮助强权者改朝换代的新贵族，既是新政权的拥立者，同时也是新政权的有力支持者。如东晋初渡江就有拥戴首功的王氏家族，他们在政治上必然享有许多特权，正如民谣所言：“王与马共天下。”按照势力强弱、功劳大小等要素，在政治上形成等级森严的贵族体系——士族。由这一体系所产生的门第观念受到历代统治者，特别是最高统治者皇帝，以及封建制度的最高权力——皇权的高度认同，并且一直延续到清代。

南朝刘宋王朝的开国皇帝宋武帝刘裕有个重臣——中书舍人（皇帝的秘书长）王弘，是皇帝最亲信的大臣。他虽然位高权重，但却出身庶族。为了帮助他改换门第，宋武帝就帮王弘出主意：“你如果想做士族，必须让士族领袖王球允许你和他共坐才行。你去拜访王球时，就说是奉我的旨意前去就坐的。”于是，王弘就打着皇帝的旗号来到王球府中，刚要落座，只见王球用手中扇子一挥阻止道：“你没有资格在这坐啊！”王弘灰溜溜地返回，并把自己的遭遇告诉了宋武帝。皇帝无可奈何地说：“这种事我真的没办法啊！”由此，可见士族制度及其门第观念在皇帝心中的地位。

南朝刘宋王朝有个叫徐爰的大臣，历侍刘宋三朝皇帝，深得第三代皇帝宋文帝的宠信。因为徐爰熟悉典章国政，宋文帝经常让他处理军政大事，派他到军前面授机宜。元嘉六年（429年），宋文帝还让他主持编修国史。为了帮徐爰提高门第，宋文帝就命令当时的士族领袖王球、殷景仁和徐爰交往，竟然遭到王球的严词拒绝：“士族与庶族有天壤之别，这是国家的根本制度，陛下让我和一个庶族出身的人交往，我怎敢奉诏而破坏国家制度！”宋文帝听后，不但没有生气，还当场向王球诚恳道歉。

梁武帝太清五年（548年），北方叛将侯景到寿阳后，重兵合围梁都建康，并不断向梁朝讲条件、提要求，梁武帝都一一答应了。顺竿爬的侯景又胁迫梁武帝，要求娶最大的士族王氏和谢氏家族的女子作媳妇，却遭到梁武帝的断然拒绝：“王谢两家门第最高，不可能与你这种出身的人通婚，你最多只能从朱、张这样的二流以下的家族物色！”侯景咬牙切齿地说：“等着瞧吧，总有一天我要把你这吴地老儿（梁武帝）的女儿嫁给奴隶当老婆！”虽然，次年侯景占领建康，控制了梁朝皇帝，还娶了梁简文帝的女儿溧阳公主，但也没有沾到王谢之女的边。

唐贞观十二年（638年），吏部尚书高士廉、黄门侍郎韦挺、礼部侍郎令狐德棻等人历时七年撰修的《氏族志》完稿，仍列山东士族崔民干为第一等，竟然把皇室李氏家族列在后面。千古名君唐太宗特别看重其中门第的排列次序，看后不由得发出埋怨：“难道世人看不起我大唐朝廷的官品和爵位，而羡慕世间流俗吗？”因此，下令重新修订。最终，门第排列次序改为以皇族为首，外戚次之，崔民干被降为第三等作罢。可见，这本《氏族志》已经超越了本身的价值，对于加强唐初的统治发挥了极其重要的作用。

武则天当政时，急于当皇帝而因非高门出身而发愁的武后就想方设法改变这种现状。显庆初，武后命令礼部侍郎孔志、著作郎杨仁卿、太子洗马元道、太常卿吕才等12人重修谱牒汇编。显庆四年（659年）新谱修成，名为《姓氏录》，共收235姓、2287家，并由唐高宗亲自撰写书序。《姓氏录》只是把武姓列为第一，竟然能为武则天改朝换代打好政治伏笔。

乾隆三十七年（1772年）十二月，十三公主嫁到“天下第一家”——孔家。十三格格是乾隆皇帝与圣贤皇后所生的一个公主，因为脸上有个黑痣，相术之士说是灾异，就给乾隆皇帝出主意消灾——必须嫁给比皇帝家门第还高的人家方可。后经高人指点，比皇家门第还高的只有“天下第一家”——孔家。乾隆就亲自到孔府物色乘龙快婿，相中了第七十二代衍圣公孔先允（后更名宪培）。只是，祖训满族不能与汉人通婚，皇帝就变通一法，将十三格格过继给宰相于敏中为女，最终以“于府三小姐”的身份出嫁。终乾隆皇帝之世，他一共八次到“天下第一家”巡幸。可见，孔夫子的后人虽然没有太大的作为，但因老祖“万世师表”的影响力，为后代赢得的崇高门第一直受到历代皇帝的尊崇。

“旧时王谢堂前燕，飞入寻常百姓家。”随着封建社会的结束，那个时代最具代表性的政治制度——士族制度也寿终正寝。同时，深入封建社会最高统治者皇帝骨髓，并受到皇帝特别尊崇和高度认同的士族门第观念也随之烟消云散，但这种门第观念的阴影依然在后世人的心中挥之不去。

古人眼中无废水

当今，我们生活中有许多人还是用淘米水浇花，许多地方特别是西南地区的部分山区，人们把淘米水积攒下，经过澄清后，用上面的清水饮牲口，将沉淀的部分存放发酵后当天然洗发液用……其实，这种精心利用“废水”的传统在中国由来已久。因为，在中国古人看来几乎没有“废水”。

2602年之前，《左传》成公六年（前585年）记载：“土厚水深，居之不疾，有汾浍以流其恶。”当时，我们的祖先已经掌握了采用深埋和土层过滤来处理污水，可以防治疫病。后世对此认识深刻，南宋周守忠所著《养生类纂》中引述：“厅前天井停水不出主病患”，“沟渠通浚，屋宇洁净无秽气，不生瘟疫病”。由此可见，中国古人对污水的危害已经有了全面科学的认知。

回望千年的繁华，昔日盛唐长安、洛阳，大宋的东京、开封，那些当年全世界最大的都会，如何处理污水……唐朝法律规定，市民向街道泼污水、扔垃圾必受严惩。后世学者通过《清明上河图》能看到，北宋都城垃圾污水都已集中处理。中国古代城市里都有专门负责收集和处理排泄物的工种——“粪政”，相应机构，一直沿袭到民国。

聪明的古人借助水来冲洗、排泄、处理、净化城市的污物。古人按照一定比例把大小石头块、粗细沙砾、泥土进行巧妙搭配组合，并且再用草木的枯枝败叶将其分隔为若干层，这就是最早的城市的排污沟，或者说是污水处理设施。排泄到护城河之前的污水应该先进行这种治污的处理。废水只有完成这样华丽转身成为“中水”，才能进入护城河，去实现它生命的再次飞跃——接受深度治理和充分利用，从而焕发出清洁纯净的光芒。

“城门起火，殃及池鱼”典出北齐杜弼《檄梁文》：“但恐楚国亡猿，祸延林木，城门失火，殃及池鱼。”可见，护城河的功能不仅是一条普通的河。

人们往往只把目光投向护城河的军事防御功能上，很少去考察它还是一个集排水去污、消防储水、环境保护于一体的水利与环保工程。正是因为它完善的综合功能，才使得护城河不仅仅是一条河。它使得简单的河水有许多意想不到的用途。人们借助大自然的恩泽——雨水，把古代城市的污垢冲刷排泄到护城河中，经过水流的自净，加上荷花、芦苇等水生植物的吸收，再经水中的鱼虾吞食，水体中的污染物被转化成水生动植物的养料而被全面吸收殆尽，既治理了水体的污染，又呈现出赏心悦目的城市景观。护城河里种荷养鱼，水清、荷香、鱼肥……护城河的功效远远不止于此，它竟然还能产生丰厚的直接经济效益。有典籍记载，清代宫城紫禁城的护城河——筒子河中仅栽莲藕，每年收获除了满足皇宫食用外，还有大量富余向民间出售，所得藕款存于内务府奉宸苑补贴宫廷开销。除此之外，鱼虾等物的收益可想而知。

雨水（雪水），大自然恩赐给人类最便捷的水源。古人也一直对此心怀敬畏，奉为“天水”“天泉”。因此，中国历史上也流传着许多利用雨水（雪水）的记录。以雨水（雪水）来烹茶、煎药，如得天赐神助，也算文人雅好。唐代诗人陆龟蒙诗《煮茶》中写道：“闲来松间坐，看煮松上雪。”宋代大文豪苏东坡《记梦回文二首》诗叙中写道：“梦文以雪水煮小团茶。”这些都是古代人以雪煮茶的真实生活写照。

这种高雅的文化传统也见诸小说之中。小说《红楼梦》许多人物都有用雨水（雪水）煎茶的情节。这既符合茶道，又合乎养生之道。古时天空没有污染，雨水和雪水都很清净。古人认为，这种“天水”“天泉”白白流逝是一种暴殄天物的奢侈行为。因此，就将这种用合乎科学的方法饮用雨水、雪水的行为当成雅好，并在文人士大夫之间蔚然成风。这对雨水（雪水）的充分利用起到很好的示范作用。

600年后的今天，我们走进北京景山公园的团城，发现这里还使用着当年建造者们发明的古老而先进的技术——用收集的雨水来灌溉这里的花草树木。这里的工作人员依然传承着古人当年收集利用雨水的技术。实施这项技术需要的工程分为花管、地井、蓄水池和植被等板块。山上选种了最保水的崂峪苔草。山顶周围埋设了每一只能保住25公斤雨水的孔花管，600多个这种孔花管，常年不停地向周围土壤渗排自己收集的雨水（雪水）。山坡开挖出许多相通的地井，上面的井收集的雨水满了，就自然流进下面的井，每个地井均有带孔管道向周围土壤渗水。地井全部都收集满雨水（雪水）后，水就会流到山下的蓄水池，等到山上干旱时再调池中的蓄水浇灌，从而最大可能地利用雨水（雪水）。

中国古代净水器具有许多明确详尽的记载。较为普及的就是“橇水妾”，就其功能而言就是今天家庭常用的滤水净化器，专门用于清洁净化水质。唐代是中国封建社会的鼎盛时期，饮茶成为时尚，茶文化应运而生。“茶圣”陆羽在《茶经》中对煮茶用水的净化器具——漉水囊有专门介绍。这种煮茶用水的过滤净化袋和日常其他过滤净化器大致相同。它主要是用生铜铸造，就是防止器物因贮水泛潮，不产生苔藓和脏物，不发出腥气和苦涩味——因为熟铜所造漉水囊容易生长苔藓和秽物，散发金属腥气和苦味涩。有些隐居山林的人也有用竹篾木作，但因为木竹质地软，不是适合带着远路出行的器具，因此采用生铜铸造。人们还用竹丝为漉水囊编制了一个盒套，裁剪绿色锦缎进行装饰，再用金玉宝石加以点缀。还有人用绿色油布制作袋子来存装漉水囊。特别准确地记录了这种净化滤水器的造型、规格和尺寸，“圆径五寸，柄一寸五分”。

我国采用明矾净水方式文字记载最早见诸明朝宋应星于明崇祯十年（1637 年）刻印的科技类百科全书——《天工开物》。外国人对中国这项水质净化技术也有生动的记述。相当于中国清朝乾隆九年至十一年（1744—1746 年）出版的《中国帝国游记》一书，作者是一位叫纳瓦雷特的西班牙教士。他在此书中明确记录：当时，他在中国目睹了一项神奇的发明——黄河沿岸普通百姓大都普遍能熟练掌握了，使用明矾使黄河水变为清水的技术。他还感慨道：“这是自然的秘密，为当时西方所不知。”

有关古代水质净化工程在各地都能找到现存的遗迹，有的至今还在使用。人们在浙江永嘉县溪口乡一座村子，清理明代晚期所建古屋的房基时，发现一组五个水池依次排开。经浙江省考古所和当地专家鉴定认定：该水池为明代晚期户主家曾使用过的净水池。据业内专家学者一致认定，这是目前国内发现的最早的水处理净化工程。这套保留完好的古代净水系统，水源是该用户用陶制水管铺成的输水道，从700多米外的山脚引来的。这组水池5个池子之间的水，通过溢流方式传输：先把水引入1号池，这是一个盛有沙石、瓦砾、黄泥的水池，主要功能是让流水沉淀；经沉淀的水流进2号水池，这个池子的池壁全部用砖砌成，池里还残存有木炭（最早采用的“活性炭”净水的工艺）；5个池中最大是3号池，用于贮存水；这个池的水溢出后，再流进“凹”字形的4号池，该池周边用砖镶嵌裱贴，池底用圆形石块均匀铺平，该池贮存的水供人们生活饮用，因此这个池子做工也较为讲究。5号池则是洗涤物品之用，池底排水孔用于排放污水……5个池子逐级净化，又防止逆流造成水质污染。

还有一种过滤酒水用的植物的——苞茅（苞，通“包”）。这种植物是多年生草本植物。古人就把它束成捆状的菁茅。在祭祀时，以裹束着的菁茅放置在木盒中，用来过滤掉酒水中的渣滓，以提高纯净度。它盛产于荆山山麓，今湖北南漳、保康、谷城一带。楚国立国开始，周天子让楚王以此为贡品。《左传·僖公四年》：“尔贡苞茅不入，王祭不共，无以缩酒，寡人是徵。”小小的苞茅竟然引发战争，足见古人对它的钟爱。时至今日，湖北等地还保持着这种苞茅缩酒的传统习俗。

从曹无伤之死说保密

公元前206年，一个无足轻重的人物——曹无伤，因为自己的一句“闲话”引发了那场惊心动魄的鸿门宴，也差点导致楚汉战争提前爆发。剑拔弩张的关键时刻，项羽无意之中说出了这个小人物曹无伤的名字，而使局势立刻出现转机。最终“沛公至军，立诛杀曹无伤”而尘埃落定。

那么这个可怜的曹无伤，是怎么卷入这场激烈的斗争的呢？就是因为他对项羽说，“沛公欲王关中，令子婴为相，珍宝尽有之”。这句话，可不简单，在两军阵前成了一个重要的军事情报，影响双方决策，引发战争。同样，因为项羽无意间说出了这个传递情报的曹无伤，导致一触即发的紧张形势出现缓和，相当于亲手把自己的情报员交给对方。最后，沛公“立诛杀曹无伤”而掐断了出卖自己情报的源头。

成帝时代，孔光领尚书事十余年，掌管国家最高机密。孔光特别注意保密，他坚持把自己奏章、文件的草稿全部销毁。回到家，对兄弟、妻子和孩子，只字不提朝中政事。家人出于好奇就问他：“宫廷内温室种的树长什么样啊？”孔光听罢，眉头紧皱，沉默不语。这个“不言温室之树”的典故被传为保密史上的美谈。

孔子曾说过：“君不密则失臣，臣不密则失身。”无论是为君为臣，“密”也成就了许多历史人物。

晋武帝晚年，某夜宫中失火，武帝登上高楼观察火情。这时，他五岁的孙子司马遹连忙牵着他的后襟，把他拉到暗处说：“夜里突发意外情况，要格外加强警备，千万不能让灯火照着皇爷爷，容易被外人发现而产生危险。”虽然，这个小皇孙只说了一句话，可是却反映出他有很强的保密意识。武帝当时很惊喜，事后经常夸奖这个孙子，甚至他明知道太子是个傻子，也因为这个聪明孙子而没有废掉傻子太子。

梁武帝时，周舍与徐勉同朝为相。周舍掌机密二十余年，与人谈话滔滔不绝，还爱开玩笑，却从无一字涉及国家机密。徐勉每写表奏，都要将草稿焚毁，以防泄露机密。一次，徐勉与门人谈兴正浓，有人趁机打听“风声”，他顿时一脸严肃地呵斥：“今夕止可谈风月，不宜及公事。”

“乱之所生也，则言语以为阶”。看似“闲话”，无意失口，却断送了曹无伤们的身家性命，也引发过无数次的“鸿门宴”和“楚汉战争”。同样，千秋史册也留下“不言温室之树”的美谈，载入了“止可谈风月”的佳话，成全了“守口如瓶”的令名。

选人谨防“隋炀帝”

唐贞观二年（628年），唐太宗感叹：“我看了隋炀帝的诗文集，发现他文采飞扬、论述精辟，从文笔看隋炀帝应该是尧舜一样的圣贤之君，并非桀、纣一样的昏暴之君，为什么他所做的事却恰恰相反啊！”可见，隋炀帝杨广善于伪装到何等地步了。常人的长短优劣都应该是一目了然的，而像杨广如此善于伪装，带有极大的迷惑性、欺骗性，能够欺骗父母和全天下，得以瞒天过海，令人防不胜防。特别是在选人用人时，务必谨防错选误用这类人。

杨广在生活作风上装作不好声色的“好男人”。其实，当时普通男人三妻四妾是很正常的事，王公贵族妻妾成群也无可厚非。可是，杨广却装作不近女色。早在开皇二十年（600年），还是晋王的杨广，特别会自我伪装，公开只与萧妃一个女人生活，不明真相的人都称赞杨广“忠贞爱情”的贤德。实际上，他却和许多女人生了一支“超生游击队”，为掩人耳目，后来都不让这些女人再养育。更有甚者，他父亲隋文帝和母后曾经到他的府第，杨广事先把府中的美女统统藏匿到别室，给父皇母后唱了一出金屋藏娇的空城计，只留下相貌丑陋的老妇人，穿着劣质粗糙的衣裳，在父母身边侍奉。家里的屏帐全被换成粗劣无色旧布；故意让人把琴弦割断，不让人擦拭乐器上的尘土。文帝和皇后看到后，深感欣慰，认为儿子杨广是个不好声色的“好儿子”“好皇子”“好亲王”，因此，特别偏爱杨广，以致将太子废掉，又立杨广做太子，最终被他骗取了皇位。

杨广总爱以文人骚客的面目出现在公众面前。他喜欢舞文弄墨，特别忌妒别人写诗作文比他强。司隶薛道衡曾因一句诗超他后，竟被找碴杀害。杨广依然然耿耿于怀地说：“现在你还能再作‘空梁落燕泥’这样的好诗吗!”一次隋炀帝作《燕歌行》并令文士和诗。著作郎王胄的诗与他不相上下。不久他便将王胄害死，还口诵王胄“庭草无人随意绿”的名句幸灾乐祸地说：“你还能写这样的名句吗!”杨广还自负才华，经常对人炫耀：“天下人都说我是靠继承先帝皇位才当上这个皇帝，其实不然。我是凭自己的才华当上皇帝的。假如让我和天下所有的读书人一起通过科举考试的办法来决定皇位归谁，这皇位也必定是我的啊!”早年，杨广在做扬州总管时，置正府学士上百人，经常让学士们修编书籍撰写文章，一直到当皇帝，前后近二十载，修撰从没有停止过；五花八门皆出新书，并且全部是精品力作，总共修成 31 部，17000 多卷。只可惜，他只把编书作文当成装潢门面、骗取皇位的工具，而没有真正把读书、作文乃至编书作为知行合一的根本。

从“操刀伤锦”到“宽容失败”

中国自古就有“宽容失败”的优秀文化传统。这让我们想起“操刀伤锦”这个典故，出自《左传·襄公三十一年》，郑国官员子皮提议任用尹何到某邑为官，大夫子产却认为不可，并说道：“未能操刀而使割。”以美锦不能让新手来学裁剪为喻，表示不可用新人试担大任。这个历来作为经验主义的信条被信奉了几千年，但在创新发展的新时代我们应对它进行重新审视和理性反思。

《左传·定公十三年》也有这样的记述：“三折肱，知为良医。”意思是说多次摔坏胳膊，就必然会成为一个好外科医生。诗人屈原在《惜诵》中写道：“九折臂而医兮，吾至今而其信然。”可见，犯错误甚至是多次犯错误就会从中得到宝贵经验，失败是成功之母这一真理早已被我们的祖先所认知。

众所周知，鞠躬尽瘁的蜀汉丞相诸葛亮过世之后出现了蜀中无大将的局面。其实，早在多年前他的对手司马懿就断言：因诸葛亮这种事必躬亲的行事习惯，蜀汉必然出现后继无人的悲剧结局。这一断言不幸被言中，蜀汉最终从国力衰败发展到国家灭亡。正是因为诸葛亮事必躬亲，导致年轻人没有锻炼的机会而永远处于“年轻”状态。这不仅贻误了蜀中百官，就连他精心辅佐的后主刘禅也成了他事必躬亲的“牺牲品”。从这个意义上讲，阿斗不是扶不起来，而是相父诸葛亮扶得太过。后来阿斗对自己 17 岁登基到诸葛亮去世 12 年间的“被扶佐”发出“政出葛氏，祭则寡人”的感叹。这和春秋末期，鲁昭公咬牙切齿地痛骂擅权弄国的豪族季氏“政由季氏，祭则寡人”如出一辙。历史教训让人们更加深切地认识到“伤锦”的重要意义。

唐宋以来，人们对“操刀伤锦”有了更新、更深刻的认知。历史对这种特殊的“伤锦”有了更加宽容、爱惜，甚至保护的心态。“初唐四杰”之一、著名诗人杨炯在《益州温江县令任君神道碑》文中写道：“实谓枢机八座，上下三阶，岂惟缚柱鞭丝，操刀制锦。”这次对“操刀伤锦”进行了一次修正，出现了“操刀制锦”。一字之改，两重天地。中国社会对过去似乎毁誉参半的“伤锦”问题，给出了一个明确、温暖的答案；同时也改变了对“伤锦”的根本态度，开始包容、支持、鼓励。“唐宋八大家”之一、著名政治家、文学家，北宋参知政事（副宰相）王安石在《贺知县启》一文中再次点化此典：“操刀之能制锦，素显殊勋；弹琴之不下堂，行闻异政。”

从“操刀伤锦”到“操刀制锦”，虽然只改了一个字，却经历了 1500 多年漫长并且渐进的认识过程。这既是中国唐宋文明的产物，又对后世中国产生了深远影响。在全面深化改革的今天，这种认识的转变、态度的转变，要更新、更快、更有力。

改革就要创新，创新就需要人才，需要拥护、支持改革的优秀干部。要想源源不断地培养和造就优秀年轻干部，就要敢于让改革新手尽早“操刀”。新手操刀势必损伤一点精美的锦缎，我们应对新手在操刀过程中的失误和错误多给一些宽容和理解，舍得让操刀新手们损伤一些锦缎。只有这样才能大力营造敢为人先、敢于创造、敢冒风险的氛围，形成“宽容失败”的良好环境，新的人才才能尽快成长，给我们的事业注入无穷的生机和活力。

我们的事业要发展，中华民族伟大复兴的“中国梦”要实现，就要敢于让干部，特别是年轻干部尽早“操刀”，舍得让他们伤锦，允许他们出现点问题。从短视的目光和局部利益来看，这是损失，但从我们事业的大局和长远建设来分析，这是我们取得成功的必要试验，它既能为我们的事业累积宝贵的经验，又能为我们的建设培养大量的后备力量，更会从战略上防止和避免更大的损失。算清“操刀伤锦”这笔账，“宽容失败”一定会产生更强大的政治、经济和文化的综合效益。

中国古代谣言之祸

在中国历史上，谣言以其特有的目的性，巨大的欺骗性，疯狂的煽动性，以及强烈的破坏性，成为臭名昭著的历史毒瘤。无论什么王朝，也不论什么政权，只要有谣言传播，灾祸就会如影随形，轻则扰乱民心，重则导致社会动荡，甚至引发暴乱。谣言所至，扰乱军心，危害社会，残害人民，颠覆国家，危及帝王……可谓祸国殃民，罄竹难书。

东晋太元八年、前秦建元十九年（383 年），前秦王苻坚统 80 万大军，以投鞭断流之势讨伐东晋，两军于淝水（现今安徽省寿县的东南方）决战，最终竟然是只有 8 万人的东晋大获全胜。前秦一败涂地，从此走向衰败灭亡。东晋则乘胜北伐，收复了黄河以南的大片土地，从此再无北边之忧长达 40 年。回顾当年席卷天下的前秦王朝，再想想雄踞北方的盖世英雄苻坚，为何以绝对优势却遭惨败？导致前秦大败的原因很多，但其中最重要的是一句谣言。

《资治通鉴》在记述整个战争过程之后，有句似乎漫不经心的补记，这句补记本应引起后人的重视，却被人们所忽视。这句补记的原话："初，朱序在阵后呼：'秦兵败矣！'众遂大奔。"（开战之初，朱序在前秦军阵后大喊："秦军失败了！"前秦军队全部溃败纷纷逃命。）人们不禁要问，朱序何许人？他为什么要这么喊？这喊声为何有如此的杀伤力、破坏力？其中竟然隐藏着一个怎样的惊天阴谋！

朱序原来是晋兖州刺史，东晋升孝武帝太元二年（377 年，即淝水之战 6 年前）被任命到当时东晋梁州刺史，镇守当时北边重镇襄阳。朱序到襄阳后，严阵以待以犯的秦兵，就连他的母亲韩氏也率领府中婢女和城中妇女组成的"娘子军"修筑新的城防工事。老城被秦军攻陷后，部队很快转移到"娘子军"所筑的新城（史称"夫人城"）继续坚守。东晋襄阳守军在朱序率领下屡破秦军。太元四年（379 年）二月，朱序因部下襄阳都护李伯护投降前秦，引狼入室，致使襄阳失陷，自己被俘后被押送秦都长安。秦王苻坚非常赏识朱序，就封他做支度尚书。太元八年（383 年）十月，即淝水之役决战前，前秦王苻坚赶赴驻扎在寿阳的前线指挥部，派出朱序去劝降东晋当朝宰相谢安之弟、前总指挥——谢石。谁料，朱序却偷偷帮谢石出主意，对付秦军，并且帮助谢石分析战局："如果秦军百万大军全部集结完毕，那就真难对付了。现在我们必须趁他们没有完成集结，迎头痛击，只要打败他的先头部队，他们的士气就泄了，我们就能大获全胜。"东晋采纳了朱序的建议，从而取得胜利，朱序等曾被迫降秦的文官武将纷纷乘机投奔自己的故国东晋。可见，朱序在阵后那一呼，既不是看到真实情况，也不是突发奇想，而是蓄谋已久的阴谋。在两军阵前，晋军是按照朱序之前的建议所定的战术，提出要秦军向后退，而妄自尊大的苻坚却臆想：以秦军后退，诱使晋军渡河，半涉之时，正好一举将晋军全歼。谁也不会想到，就在秦军刚开始后退，朱序就高喊："秦军败了。"突然后退和一声大喊，让不明真相的秦军官兵信以为真，是啊，如果没有失败怎么会后退呢？一时秦军大乱，不攻自破。淝水之败，对前秦王朝而言，不仅是军事战役失败的噩梦，更是政治走向灭亡的噩耗。

唐文宗开成五年（840年）正月，文宗皇帝病危弥留之际，命宰相到病榻前接受顾命，想要奉太子监国（代皇帝处理国政）。禁军中尉、宦官首领仇士良、鱼弘志等人却认为，太子继承了皇位不是他们的功劳，就借口说太子年幼多病，建议重新选立皇位继承人。主持大内政务的大宦官认为：安王李溶是大行皇帝的一母同胞的亲弟弟，论年龄、辈分和才德既贤且长，符合"立长立贤"传承原则的条件。于是，立即派出御林军——左、右神策军和飞龙、羽林诸营以及骁骑各部数千人来到王府迎接安王。

文宗当年给自己的两个弟弟安王李溶和颍王李瀍在诸王居住的"十六王宅"边新修"二王院"，作为他的两个弟弟的王府。因此，奉迎皇位继承人的大宦官在"二王院"前连续高喊："迎大者！"（奉迎大的）他们意思很明确，因为安王年长，即为"大者"。手执兵刃的官兵到"二王院"门口，嘀咕着："我们奉命迎大者，不知道安王、颍王哥俩谁是大者啊？"这话正好被颍王的一个小妾王氏听到了，这个燕赵倡女出身的王夫人灵机一动，就边搔首弄姿，边扣系衣裙地从内屋走出来，当场制造谣言，偷梁换柱。巧舌如簧的王氏故意大声说："'大者'正是颍王啊！皇帝身边的人因颍王身材高大魁梧，都叫他大王，他还和禁军中尉是换帖的生死兄弟，你们谁要搞错了，必遭灭门之祸啊！"此刻，哥哥安王心想按长幼排序应该是立自己，只是心里有点不踏实，不敢出来争辩。躲在屏风之内的弟弟颍王听得心旌摇荡，正巧被王氏从身后一把揪出来。这句谣言乍听起来，感觉合情合理，再加上其中的政治讹诈和威逼恐吓都到极致，一下把全场都蒙住了。被谣言搞蒙的奉迎官兵，不容分说就把弟弟颍王搀扶上马。于是，颍王就在兵甲闪耀霜花般寒光的御林军护卫下来到少阳院（唐朝历代皇位继承人在正式登基前在皇宫内的住所）。这时，负责奉迎的大宦官们定睛一看，这才知道竟然把皇位继承人接错了，却没有人作声，只好将错就错，纷纷围着颍王的坐骑跪拜磕头，连声山呼："万岁！万岁！万万岁！"很快，朝廷就下达了确认颍王为皇位继承人的诏书："颍王瀍立为皇太弟，权勾当军国事。"（颍王李瀍以皇帝弟弟的身份立为皇位继承人，未登基前行代理皇帝权力处理全国的军事和政治大事）不久，文宗驾崩，颍王即位即为唐武宗。他登基后对帮助他用谣言取得帝位的王夫人心存感激，还册封她为才人。正因为如此，当朝宰相、谏议大夫裴夷直盯着唐武宗登基册牒（登基诏书），就是不肯签名认可，从法理上拒绝承认这位登基者继承皇位的合法性。

清朝雍正皇帝（1678—1735年），爱新觉罗·胤禛，满族，康熙帝第四子。他于康熙三十七年（1698年）被封为贝勒，四十八年（1709年）晋封雍亲王。康熙晚年诸皇子为争夺储位，各结私党，钩心斗角。太子胤礽两立两废，胤禛却表现得竭忠尽孝，友爱兄弟，深得康熙天心。康熙六十一年（1722年）十一月十三日戌刻，康熙帝在畅春园病逝，皇四子、雍亲王胤禛按照康熙遗诏正常继承了皇位，次年改年号雍正。雍正在位十三年励精图治，锐意改革，采取了一系列加强皇权、肃清吏治、发展农桑、重视文化的重大举措，取得辉煌成就，使大清国力日盛，为开创康乾盛世做出了重要贡献。因此，他逝后庙号世宗，谥号“敬天昌运建中表正文武英明宽仁信毅睿圣大孝至诚宪皇帝”（简称“世宗宪皇帝”）。

胤禛虽然登帝位，但与他争夺储位的政敌——皇八子胤禩、皇十四子胤禵、皇九子胤禟等人并不甘心自己的失败，他们四处散播谣言，伺机煽风点火，借以动摇新易主的皇位，发泄对政敌的不满。清代野史关于雍正的负面“史料”较多，主要是因为雍正推行“官绅一体当差、纳粮”“火耗归公”等新政，虽然减轻了农民，保护了国家利益，却取消了士大夫的特权、断了官员的“财路”，剥夺了贵族的既得利益，得罪了统治阶级上层；加之，雍正作风严厉，不苟言笑。因此，那些心怀不满的政敌和满腹怨气的贵族，就狼狈为奸，沆瀣一气，他们联手造谣中伤，肆意抹黑，竟把一个勤政严明的雍正皇帝骂成“发明‘粘竿’和‘血滴子’杀人成性”的昏虐暴君，甚至弑父篡位的乱臣逆子。在他们煞费苦心专为雍正炮制出的众多谣言中，最为著名的当数“弑父夺嫡”之谣。

以谣言为蓝本的野史竟然把“弑父夺嫡”这个子虚乌有之事，编派得有鼻有眼，使得原本正大光明继承皇位的史实变得众说纷纭，迷雾重重，并在史学界、文艺圈上演各种不同版本的雍正“弑父夺嫡”戏。没人注意到这是政敌所制造的谣言，目的就是破坏雍正的统治，借以制造动乱，达到自己不可告人的目的。仅“弑父夺嫡”谣言就是五花八门，其中流传最广的当属“修改遗诏”的谣言了。

谣传：康熙驾崩后，皇四子胤禛派自己心腹、顾命大臣隆科多从太和殿“正大光明”匾额之后，取出康熙传位遗诏，将其中的

“传位十四子”改成“传位于四子”。这种说法看似合理，天衣无缝，其实不然。从传世的康熙遗诏可以看到，遗诏分两部分，第一部分是《圣武纪》，洋洋1700多字（汉字），主要是记述康熙大帝文治武功；第二部分才是《传位诏》，就一句话：“雍亲王皇四子胤禛，人品贵重，深肖朕躬，必能克承大统，著继朕登基，继皇帝位。”短短的31个汉字，全文采用满、汉、蒙三种文字，至右向左，从上而下书写在一幅长1.55米、宽0.8米的明黄色卷轴上。当时汉字没有简化，而所谓的“于”字繁体应作“於”。因此，以“十”改“於”谈何容易。加之，遗诏是用三种文字合璧书成，要想涂改，无异于偷天换日。还有，将立储遗诏置于“正大光明”匾额之后这种秘密立储的最早记载见于雍正元年，而康熙时并不一定有此举。因此，“修改诏书”之说毋庸置疑，纯属子虚乌有。

这还不够，还有雍正“参汤弑父”，甚至“吕四娘斩首”等谣言，真是千奇百怪，无奇不有。

从历史上看，谣言虽为无稽之谈，实为空穴来风，但却不仅可以改变战局，改写历史，还能混淆视听，颠倒黑白……可见，谣言“神通广大”“无所不能”。谣言，虽为一言，但却能颠覆九鼎。前事不忘，后事之师。古往今来，谣言一直在兴风作浪；时至今日，谣言依然暗流涌动。有识之士不禁大声疾呼：防谣重于防寇，防谣胜于防贼；防谣就是防灾，防谣就是防祸！

| 自跋 |

"不忘初心"源于文化自信

2016年7月1日，习近平总书记在纪念建党95周年大会上号召全党"不忘初心、继续前进"。这是中国共产党站在新的历史起点上，向全党发出的政治动员，向全世界宣示的政治宣言，也是8800万名中国共产党人呐喊的时代最强音。习近平总书记在强调"不忘初心"的同时，更加强调了文化自信！中国共产党人都深切感受到，全中国和全世界人民都亲眼见证——中国共产党人永远不变的初心，正是源自我们强烈的文化自信。

文化自信，铿锵四字，雷霆万钧。文化自信是继道路自信、制度自信、理论自信之后，第四个关乎中国前途命运的重大命题。在中国共产党人眼中，文化自信是更基础、更广泛、更深厚的自信。文化自信是道路自信、制度自信、理论自信的基础，也是中国自信的根本。正如习近平总书记所指出的，在5000多年文明发展中孕育的中华优秀传统文化，在党和人民伟大斗争中孕育的革命文化和社会主义先进文化，积淀着中华民族最深层的精神追求，代表着中华民族独特的精神标识。

什么是文化自信？就是人们因自己独特精神传承而拥有的积极

向上的精神风貌和生活态度。文化，是指天地万物（包括人）信息的产生、融汇、渗透的过程。文化是一种社会现象，是人们长期创造形成的产物；同时又是一种历史现象，是社会历史的积淀物。文化是凝结在物质之中又游离于物质之外的，能够被传承的国家或民族的历史、地理、风土人情、传统习俗、生活方式、文学艺术、行为规范、思维方式、价值观念等。而“自信”，则是个人对自己所做各种准备的感性评估。相信自己行，是一种信念。自信本身就是一种积极性，是在自我评价上的积极态度。自信与积极密切相关。没有自信就不可能积极。因此，自信可以直接促进成功。

泱泱中华，历史悠久，文明博大。中华民族在几千年历史中创造和延续的中华优秀传统文化，是中华民族的根和魂。“以文化人”，是文化固有的功能与使命，是中华文化的优秀传统，也是中华文化的强大生命力之所在。有学者考证，中国古代最早主管“以文化人”的最高长官是舜禹时代的契。《史记·殷本纪》记载：他最初协助大禹治过水有功，被舜帝封为司徒，史称“司徒契”。史书记载“使契为司徒”，掌管天下文教，用当时的社会规范来教化人们。《孟子·滕文公上》也说：“圣人有忧之，使契为司徒，教以人伦，父子有亲，君臣有义，夫妇有别，长幼有叙，朋友有信。”契作为司徒，教育父子（女）之间要亲切，君臣之间守道义，夫妻之间应该有所分别，长幼之间应该有秩序，朋友之间应该讲信义。契主管教化以来，百官都亲善和睦，天降祥瑞，凤凰集翔，天下开始出现清明盛世。契的封地在商，其民族为商族，他的后代建立了商朝。因为契的教化之地和封地都在远古华夏的中心区域，也就是后世的“中原”，因此他对中华民族传统文化的起源、中华文明的发端，都发挥了重要作用。为纪念他的教化之功，后世把他奉为玄王。玄王司徒契也成为中国历史上首位文化之神。

国学大师梁启超在对中国和世界历史进行深入研究之后，对人类文明史作出了著名的论断：中国是世界上唯一没有中断过文明的古国。确实，在世界文明古国之中，除中国之外，其他几个不是分裂就是灭亡。而只有中华文明五千年生生不息，薪火相传。中国自古以来，国有史、方有志、家有谱、人有传……万里长城、北京故宫、秦始皇陵兵马俑、京杭大运河……三代青铜、秦砖汉瓦、唐三彩、宋瓷、元明清书画……诗词歌赋、琴棋书画……都深深地承载着中华民族特有的历史印记。从国家级的博物馆，到地方的纪念馆，都在传承民族的历史文化，构筑每个中国人的精神家园。而作为普通老百姓，他们更注重自己家族的祠堂，因为这里才是灵魂的安息之所和文化坐标。此外，还有世代传承的中国人特有的精气神。家国的情怀、精神的家园，让我们知道自己从哪里来，也让我们懂得我们将到哪里去。

中国共产党人的文化自信正是来源于五千年独特的文化滋养，这是与中华民族的精神血脉息息相通的。中国共产党的文化基因造就了我们全心全意为人民服务的初心。98 年来，不管时代如何发展、社会如何进步，中国共产党的初心都不会忘记。1921 年 7 月 23 日，在嘉兴南湖的一艘普通的画舫中，刚刚宣告成立的中国共产党就制定了“为了谁”这个最根本的原则。革命战争年代，毛泽东同志把“全心全意为人民服务”作为我们党的根本宗旨。改革开放以来，邓小平同志指出：我们的工作和政策一切都要有利于人民，人民满意不满意，人民赞成不赞成，人民答应不答应，做到这些就不愧对人民。党的十八大以来，习近平总书记提出：人民群众的事情就是我们的牵挂……从革命战争年代全心全意为人民服务的张思德，到社会主义建设时期的“我愿永远做一颗永不生锈的螺丝钉”的雷锋，到“县委书记的榜样”焦裕禄，再到在实现中华民族伟大复兴中国梦的伟大征程中涌现出来的“时代先锋”郭明义，他们都以自己的行动诠释着自己那颗永不褪色的初心。世纪百年，几代英雄，他们从现实平地走向理想的顶峰。他们是活生生的人物，都有着实实在在的故事，都具化为我们特有的文化图腾……诗歌、小说、电影、戏剧，都在传颂这种文化理念，思想、行动、言论都在传承着这种精神力量。这种神奇的形式正是我们取之不尽、用之不竭的力量源泉和精神动力——革命文化、社会主义先进文化。文学艺术、广播影视、戏剧文艺等各种文化形式都伴随着共产党人开创中国革命、建设社会主义和改革开放的伟大实践而升华，更放射出时代光辉。

天若有情天亦老，人间正道是沧桑。回望人类共产主义发展史，中国共产党的历史是最为壮丽的篇章。从最初的12名代表，发展成为全世界最大的马克思主义执政党，98年来，我们始终能坚持不忘初心，这都源自我们中国共产党人特有的文化自信。中华民族的优秀传统文化和革命文化、社会主义先进文化，既是一脉相承，又密不可分，共同凝结成我们共产党人的精神脐带。我们有了这种独特文化的滋养，就能养成特别充分的自信，从而使我们的事业焕发出勃勃生机。我们全面建成小康社会的伟大事业就如同东方红日喷薄欲出，中华民族伟大复兴的中国梦就一定能够实现！

王丹誉

二〇一九年十月于北京